Die Opfer der RAF

Stuttgarter Symposion
Schriftenreihe
Band 12

Die Opfer der RAF

Herausgegeben
vom Haus der Geschichte Baden-Württemberg
in Verbindung mit der Landeshauptstadt Stuttgart

Mit Beiträgen von
Werner Birkenmaier, Michael Buback,
Klaus Pflieger, Friedrich Pohlmann,
Horst-Eberhard Richter, Thomas Schnabel,
Oliver Tolmein

G. Braun Buchverlag

Umschlag: Die Teilnehmer eines Schweigemarsches in Stuttgart protestieren am 10. September 1977 gegen den Terrorismus der RAF.

G. BRAUN BUCHVERLAG
in Karlsruhe seit 1813
Karlsruhe
www.gbraun-buchverlag.de

© 2009 DRW-Verlag Weinbrenner GmbH & Co. KG
Leinfelden-Echterdingen

Redaktion: Andreas Morgenstern
Umschlaggestaltung und Satz: Andrea Rapp, G. Braun Buchverlag
Druck: Offizin Chr. Scheufele, Stuttgart

Das Werk einschließlich aller seiner Teile ist urheberrechtlich geschützt. Jede Verwertung außerhalb der engen Grenzen des Urheberrechtsgesetzes (auch Fotokopien, Mikroverfilmung und Übersetzung) ist ohne Zustimmung des Verlags unzulässig und strafbar. Dies gilt auch ausdrücklich für die Einspeicherung und Verarbeitung in elektronischen Systemen jeder Art und von jedem Betreiber.

ISBN 978-3-7650-8509-1

Inhalt

Die Opfer der RAF. Eine Einführung
Thomas Schnabel   7

Der deutsche Terrorismus im »roten Jahrzehnt«
– seine Sympathisanten und Opfer
Friedrich Pohlmann   11

Das Bild der RAF-Opfer in der Berichterstattung
Werner Birkenmaier   34

Täter – Opfer – Versöhnung
Horst-Eberhard Richter   50

Gnade und Recht
Michael Buback   63

Politisch motivierte Gewalt und die Schwierigkeiten
des Bereuens – die RAF, ihre Opfer und das Strafrecht
Oliver Tolmein   85

Der »Deutsche Herbst« aus heutiger Sicht
Klaus Pflieger   103

Anmerkungen	120
Liste der Opfer	125
Literatur	129
Personenverzeichnis	137
Abkürzungsverzeichnis	141
Bildnachweis	142
Die Autoren	143

Die Opfer der RAF. Eine Einführung

Thomas Schnabel

Obwohl der sogenannte Deutsche Herbst schon über 30 Jahre zurückliegt, die Haupttäter tot oder inzwischen wieder freigelassen sind und die RAF sich aufgelöst hat, erregt das Thema immer wieder aufs Neue die Gemüter. Egal ob es um die Begnadigung der letzten inhaftierten Terroristen geht, oder um einen neuen Film, der auf dem Buch des langjährigen *Spiegel*-Chefredakteurs Stefan Aust basiert, oder um den geplanten Abriss des maroden Stammheimer Gefängnishochhauses, in dem 1977 die RAF-Gründungsmitglieder Andreas Baader, Gudrun Ensslin oder Jan-Carl Raspe inhaftiert waren und Selbstmord begingen, Fernsehen, Radio und Zeitungen sind voll davon.

Liegt es daran, dass bis heute die Mörder von Generalbundesanwalt Siegfried Buback oder von Arbeitgeberpräsident Hanns Martin Schleyer ebenso wenig bekannt sind wie die Mörder vom Vorstandssprecher der Deutschen Bank Alfred Herrhausen, um nur einige noch immer ungeklärte Morde zu erwähnen? Liegt es daran, dass die Täter bis heute zur individuellen Tatbeteiligung schweigen, obwohl dies für die hinterbliebenen Angehörigen besonders bitter ist? Irritiert uns dies besonders, weil sich auch die wenigsten Mörder und Massenmörder des Dritten Reiches zu ihrer individuellen Tatbeteiligung bekannt oder gar Reue gezeigt haben?

Mit den Motiven der Täterinnen und Täter, ihren Handlungen, mit der Sympathisantenszene, den Verteidigern, die vereinzelt auch zu Tätern wurden, und den gesellschaftlichen Voraussetzungen, die zur Bildung der Roten Armee Fraktion führten, sind wir inzwischen einigermaßen vertraut. Dabei sind aber die Opfer und vor allem ihre Hinterbliebenen im wahrsten Sinne des Wortes »auf der Strecke geblieben«. Der damalige Bundeskanzler Helmut Schmidt und seine

Ehefrau Loki haben gerade darauf in einem großen *Zeit*-Interview im August 2007 noch einmal ausdrücklich hingewiesen.

Dieser Befund gilt weniger für die prominenten Opfer, die nicht in dem Maße aus dem kollektiven Gedächtnis verschwunden sind wie ihre Fahrer und begleitenden Polizisten, die ebenso gnadenlos niedergemacht worden waren. Bei der Entführung von Hanns Martin Schleyer wurden auf den Fahrer und die drei Polizisten weit mehr als 100 Schüsse abgegeben. Sie wurden regelrecht durchsiebt.

Baden-Württemberg ist innerhalb der Bundesrepublik ganz besonders eng mit der Geschichte der RAF verbunden. Generalbundesanwalt Siegfried Buback wurde mit seinem Fahrer Wolfgang Göbel und dem begleitenden Polizisten Georg Wurster in Karlsruhe erschossen. Hanns Martin Schleyers Entführung fand zwar in Köln statt, er lebte aber in Stuttgart. Sein Fahrer Heinz Marcisz und die Polizisten Reinhold Brändle, Roland Pieler und Helmut Ulmer, die ermordet wurden, stammten aus Baden-Württemberg.

Führende RAF-Mitglieder wie Gudrun Ensslin, Christian Klar, Brigitte Mohnhaupt, Knut Folkerts, Eva Haule, Stefan Wiesniewski oder Siegfried Haag kamen aus dem Südwesten, dessen Grenzen zu Frankreich und der Schweiz für die Terroristen besonders interessant waren.

Vor allem aber hatten die wichtigsten Rechtsorgane, die sich mit der RAF von Amts wegen zu beschäftigen hatten, ihren Sitz in Baden-Württemberg, nämlich die Bundesanwaltschaft, der Bundesgerichtshof und das Bundesverfassungsgericht. Der spektakulärste Prozess gegen Mitglieder der RAF fand vor dem Stuttgarter Oberlandesgericht in der festungsmäßig ausgebauten Haftanstalt von Stammheim statt. Dort waren die Gründer der RAF auch unter besonders privilegierten Umständen inhaftiert und dort brachten sie sich schließlich auch um, nachdem die Polizeisondereinheit GSG 9 erfolgreich die von palästinensischen Terroristen entführte Lufthansa-Maschine »Landshut« in Mogadischu erstürmt hatte.

In Stuttgart wurden schließlich die drei Selbstmörder Baader, Ensslin und Raspe gegen den erbitterten Widerstand von Teilen der Medien und der Bevölkerung beerdigt, nachdem der Stuttgarter

Oberbürgermeister Manfred Rommel seine heftig umstrittene Entscheidung mit den heute legendären Worten: »Mit dem Tod hört die Feindschaft auf« begründet hatte.

Es lag nahe, sich im Stuttgarter Symposion von 2007, 30 Jahre nach dem Deutschen Herbst, mit der RAF zu beschäftigen. Der Schwerpunkt sollte dabei auf den Opfern liegen, die allen offiziellen Bekundungen zum Trotz nach wie vor in der öffentlichen Wahrnehmung zu kurz kommen. Wir haben uns deshalb besonders gefreut, dass wir Michael Buback und Jörg Schleyer, die Söhne von Siegfried Buback und Hanns Martin Schleyer, als Mitwirkende ebenso gewinnen konnten wie den damaligen Stuttgarter Oberbürgermeister Manfred Rommel. Leider ist es uns nicht gelungen, Angehörige der damals ermordeten Polizisten und Fahrer für eine Teilnahme an der Veranstaltung zu gewinnen. Wir bedauern dies sehr, weil damit ein wichtiger Teil der Opferperspektive leider nicht beleuchtet werden konnte.

Das überwältigende Interesse an den Vorträgen und der abendlichen Podiumsdiskussion sowie die teilweise sehr betroffen machenden Stellungnahmen von Teilnehmerinnen und Teilnehmern zeigten, wie stark dieses Thema auch heute noch aufwühlt. Dies spiegelte etwas von der öffentlichen Aufgeregtheit und Erregung der damaligen Zeit wider, als sich die Bundesrepublik erstmals in ihrer noch jungen Geschichte gewaltsam herausgefordert sah. Einerseits fühlte man sich auch ganz persönlich durch die Terroristen bedroht, andererseits gab es aber auch die Befürchtungen vieler Bürger, dass der Rechtsstaat überreagieren und damit seine eigenen Grundlagen gefährden könnte. Auch zeitgenössische Filmausschnitte lassen die aufgepeitschten Emotionen in Teilen der Bevölkerung erkennen.

Die in diesem Band abgedruckten Tagungsbeiträge nähern sich den Opfern der RAF aus unterschiedlichen Blickwinkeln. Der Soziologe Friedrich Pohlmann behandelte den »Deutschen Terrorismus im ‚roten Jahrzehnt' – seine Sympathisanten und Opfer«, während Werner Birkenmaier, der die Entwicklung der RAF selbst als Journalist kommentierend begleitet hatte, über das »Bild der RAF-Opfer in der Berichterstattung« sprach. Der Psychoanalytiker Horst-Eberhard Richter beschäftigte sich, auch aufgrund seiner Arbeit mit einer inhaftierten Terroristin, mit den Möglichkeiten einer »Täter-Opfer-Versöhnung«. Michael Buback referierte aus der Sicht des Angehörigen eines Opfers über »Gnade und Recht«. Der Rechtsanwalt Oliver Tolmein setzte sich mit der »Politisch motivierten Gewalt und der Schwierigkeit des Bereuens – die RAF, ihre Opfer und das Strafrecht« auseinander. Schließlich stellte Klaus Pflieger, er ermittelte bei der Staatsanwaltschaft Stuttgart und der Bundesanwaltschaft gegen die Täter der RAF, auf dem Symposion den Deutschen Herbst aus heutiger Sicht dar.

Es war nicht selbstverständlich, dass es der Bundesrepublik gelang, bei allen Schwierigkeiten und Pannen im Einzelnen, sich rechtsstaatlich und erfolgreich mit der RAF auseinanderzusetzen. Dies gehört zu den wichtigsten Marksteinen für eine stabile und demokratische Bundesrepublik. Den Preis dafür haben die Opfer der RAF »bezahlt«. Die Erinnerung an sie gehört deshalb zu den wichtigen Aufgaben der historisch-politischen Bildung. Wir hoffen, dass dieser Band ein wenig dazu beitragen kann.

Dieses Buch ist wiederum ein Ergebnis der langjährigen, ausgezeichneten Zusammenarbeit mit der Landeshauptstadt Stuttgart, vor allem mit Frau Schleicher-Fahrion. Andreas Morgenstern hat mit viel Engagement und Begeisterung den Band im Haus der Geschichte redaktionell betreut. Allen Beteiligten danke ich ganz herzlich für die gute Zusammenarbeit.

Dr. Thomas Schnabel
Leiter des Hauses der Geschichte Baden-Württemberg

Der deutsche Terrorismus im »roten Jahrzehnt« – seine Sympathisanten und Opfer

Friedrich Pohlmann

Der Terrorismus der RAF kann aus sehr unterschiedlichen Perspektiven ins Auge gefasst werden. Allerdings ermöglichen diese erst dann aussagefähige Einblicke, wenn sie sich zu einem Blick über den Terrorismus hinaus ausweiten und auch das ihm Vorausgehende ins Visier nehmen. Wer etwas so hochgradig Wahnhaftes wie diesen Terrorismus aus seiner Vorgeschichte herauslöst, der zerschneidet die Wurzeln, aus denen er entstanden ist und damit zugleich die Sinnfäden, ohne die er unverständlich bleiben muss. Die Ereignisse des deutschen Terrorismus sind nur durch ihre Vorgeschichte zu verstehen, die auch enthüllt, warum neben der RAF ein vielfältig gestuftes Umfeld entstand und warum das Schicksal seiner Opfer in Publizistik und Wissenschaft bis in die jüngste Vergangenheit hinein nur eine vergleichsweise geringe Beachtung fand.

Die Vorgeschichte bildete das, was man Studentenbewegung oder einfach Achtundsechzigerbewegung genannt hat. Sie war eine ganz neuartige radikale außerparlamentarische Systemopposition, deren Schlüsseldatum das Jahr 1967 war. 1969 zerfiel sie in viele politische Partikel, in denen sich die ideologischen und organisatorischen Muster, die zuvor noch wie in einem unentfalteten Latenzzustand miteinander verschmolzen gewesen waren, zu klar konturierter Selbstständigkeit ausformten. Zu ihnen gehörten diverse marxistisch-leninistische Organisationen, etwas später dann die »Spontis« und eben terroristische Gruppen, wie die RAF oder die »Bewegung 2. Juni«. Begreifbar wird dieser deutsche Terrorismus nur dann, wenn man ihn als wahnhaft radikalisierte Fortschreibung von Grundmerkmalen der Achtundsechzigerbewegung deutet, oder noch besser als die Extremform ihrer Wahnelemente. Dies gilt für seine beiden zentralen Dimensionen, Ideologie und Praxis, also seine Gewalt. Denn was war es denn sonst, wenn nicht das *fascinans* der Gewalt, das immer mehr zum Attraktionskern der Achtundsechzigerbewegung geworden war? Freilich war das im Selbstverständnis der Akteure keine nackte, profane Gewalt, sondern eine vom Willen zum radikalen Anders- und Besser-Machen der Welt abgeleitete und gespeiste, eine gewissermaßen »gute« Gewalt. Das Ethos ihrer Zwecke adelte sie. Es war eine ideologisierte und idealisierte Gewalt, die das Reden und Tun spätestens ab 1968 bestimmte, als die Revolutionsrhetorik in der Bewegung alles andere an den Rand gedrückt hatte und man sich primär von Ideologien nährte, die revolutionäre Gewalt als zentrales Element ihrer selbst postulierten. Das ging oft mit geliehenen Attitüden einher, die aus der Rückschau betrachtet pubertär wirken. Nicht selten war das Ganze auch provokativ mit Spielelementen durchmischt – erinnert sei nur an das versuchte Puddingattentat auf den amerikanischen Vizepräsidenten Hubert Humphrey oder Fritz Teufels Scherze vor Gericht. Aber dabei bewegte man sich doch permanent an und auf der Grenzlinie zum harten, ja tödlichen Ernst, denn die Gewalt war, auch als Folge der Reaktionen der »Anderen« – der Massenmedien, des Staats, der Normalbevölkerung – in der emotionalen Hitze der Massendemonstrationen beständig eskaliert. Bis Ende 1968 fanden dabei drei Menschen den Tod, und eine Vielzahl wurde schwer verletzt. Der prominenteste unter ihnen, Rudi Dutschke, der aufgrund der eigentümlichen eschatologischen Aura seines »Charismas der Rede« wie niemand sonst die Studentenmassen anzusprechen verstand, war nach dem gegen ihn gerichteten Attentat nur knapp dem Tode entronnen. In diesen Zusammenhängen von Ideologie und Praxis sowie Aktion und Reaktion bildete sich schon heraus, was sich später im Terrorismus auf einer anderen Ebene wiederholte, der Wahn eines »bewaffneten Kampfes« aus dem Dunkel der Illegalität.

Wollte man die behauptete Verknüpfung von Achtundsechzigerbewegung und Terrorismus in die Form eines knappen Mottos

Friedrich Pohlmann

bringen, dann böte sich dazu die Umformulierung jenes berühmt-berüchtigten Diktums von Max Horkheimer an, das wohl die wichtigste gemeinsame Ideologiemaxime von Achtundsechzigern und Terroristen auf den Punkt bringt: »Wer vom Kapitalismus nicht reden will, sollte vom Faschismus schweigen«.[1] Dass Horkheimers Satz sachlich ins Leere läuft, soll hier nicht interessieren. Hier nutze ich die zentrale Formel der damaligen Zeit nur als inspirierenden Aufhänger für die Maxime, der ich hier folge: »Wer vom deutschen Terrorismus reden will, sollte von der Achtundsechzigerbewegung nicht schweigen.«

Zunächst sind aber einige Vorbemerkungen zur Verortung der zu betrachtenden Phänomene in der jüngeren deutschen Geschichte wichtig. Wie bereits angemerkt, war das Jahr 1967 mit der Erschießung Benno Ohnesorgs am 2. Juni das Schlüsseldatum der Achtundsechzigerbewegung, während das Jahr 1977 durch den Deutschen Herbst wie kein anderes mit dem Terrorismus verknüpft ist. Beide Jahreszahlen sind die Eckdaten jenes – von Gerd Koenen treffend »rotes Jahrzehnt« genannten – Dezenniums, in dem eine »kleine Kulturrevolution« die »alte Bundesrepublik« durchwehte.[2] Hier rückte der »Zeitgeist« weit nach links. Es entstanden ganz neuartige Lebensstile, soziale Milieus und Subkulturen, in denen auch die offene oder geheime Sympathie für die Terroristen gedieh, und deren Ränder Aktionsräume und Möglichkeiten des Unterschlupfs boten. Ohne diesen sozialen und ideologischen Kontext wäre der Terrorismus nicht möglich gewesen. Im Laufe des »roten Jahrzehnts« verbreiteten sich bestimmte Ideologeme von »1968« gesellschaftlich immer stärker und verfestigten sich so tief als unhinterfragte Prämissen und Wertungen im intellektuellen Meinungsgefüge, dass sogar die Auswirkungen der weltgeschichtlichen Zäsur von 1989 sie erst nach einer bemerkenswerten zeitlichen Verzögerung erodieren und zusammenbrechen ließen. Genau dieser Faktor, die lange Hegemonie grundlegender Zeitgeistelemente von »1968«, erklärt, warum bei der Aufarbeitung des RAF-Terrorismus so lange das Schicksal der Opfer zu kurz kam.

Der Tod Benno Ohnesorgs ist die Initialzündung zur Ausbreitung der Studentenproteste.

Das »rote Jahrzehnt« war in einen weltpolitischen Kontext eingebettet, der weitgehend mit dem Beginn der Entspannungsära zwischen dem Westen und dem Sowjetkommunismus zusammenfiel, die die Epoche des Kalten Krieges abgelöst hatte. Es entfaltete sich somit in der letzten Phase des europäischen Zeitalters des Totalitarismus. Es ist ein bemerkenswertes Paradoxon, dass sich der Zeitgeist im Westen ausgerechnet dann solchen Weltanschauungen zuneigte, die den Ideologien der Herrschenden auf der anderen Seite des Eisernen Vorhangs in vielen Merkmalen eng verbunden waren, als sich die Zeichen des kommunistischen Niedergangs mehrten.

Im Kampf der Systeme von Kommunismus und liberaler Demokratie waren die Terroristen nicht neutral, sondern Parteigänger der »anderen Seite«, für die sie – ob sie wollten oder nicht – auch als strategische Spielkarte fungierten. Ausdruck dessen war auch, dass die DDR manchem Terroristen Unterschlupf gewährte. Weder nach dem Jahre 1989, als der Kommunismus zusammengebrochen war und das Zeitalter des Totalitarismus seinen Endpunkt erreicht hatte, noch in der früheren Ära des Kalten Kriegs hätte sich ein Phänomen wie der deutsche Terrorismus entwickeln können. Interessanterweise verraten gerade viele seiner Deutungen bis in die jüngere Vergangenheit, wie tief das »rote Jahrzehnt« Weltanschauungen und Mentalitäten geprägt hat. Dazu nur zwei Hinweise. Wer sich in die vier Bände einliest, die namhafte Sozialwissenschaftler Anfang der achtziger Jahre im Auftrage des Innenministeriums zur Analyse des deutschen Terrorismus herausgegeben haben, dem fällt an einigen Beiträgen sehr schnell ein forciertes Bemühen auf, ihn mit Verweisen auf die oft willkürlich zurechtgezimmerten oder nachgeschobenen ideologischen Rechtfertigungen der Terroristen als ein ganz ideologiearmes Phänomen zu deuten.[3] Tatsächlich berühren aber derartige Verweise nur vordergründige Aussagen, die nie und nimmer eine derartige These hinreichend begründen könnten. Manchmal drängt sich bei der Lektüre der Eindruck auf, dass hier die Argumentation auch vom Willen zum Freispruch und Schutz bestimmter Theoriemuster der Achtundsechziger gelenkt worden ist, denen die Autoren selbst anhängen. Es ist ganz evident, dass sich in einem vom »Geist von 1968« geprägten Deutungsklima bestimmte Perspektiven auf den deutschen Terrorismus vordrängen, während andere unterbelichtet bleiben müssen. Zu letzteren gehört auch der einfühlende Blick für die Opfer und ihre Angehörigen. Dass erst in jüngster Zeit den Opfern gewidmete Bücher größere Aufmerksamkeit gefunden haben, ist genauso wenig zufällig wie die nicht selten systematische Zweideutigkeit, mit der über Hanns Martin Schleyer berichtet wurde. Wer Schleyer primär als Gegensymbol zu allem ins Auge fasst, wofür »1968« stand, der blickt an den Todesängsten der Person als Geisel vorbei. Regungen »geheimer Sympathie« für die Mordtat sind dann auch nicht mehr fern.

Ich will im Folgenden zunächst die angedeutete Nähe zwischen »1968« und dem Terrorismus konkretisieren und dann in einem zweiten Teil den deutschen Terrorismus begrifflich fassen. Ich werde die Mechanismen seiner Gewaltpraxis unter die Lupe nehmen und versuchen, eine kategoriale Unterscheidung seiner Opfer vorzunehmen. Dabei soll vor allem deutlich werden, dass die Gruppen, nachdem sie die »Todesschwelle« (so eine RAF-Broschüre) zum »bewaffneten Kampf« im Untergrund einmal überschritten hatten, nach Handlungsimperativen agierten, die sich über den Köpfen der einzelnen verselbstständigt hatten: Es waren im wesentlichen gruppeninterne Interaktionsdynamiken, forciert durch die Situation der Verfolgung und gestützt durch externe Bezüge zu »Sympathisanten«, die die terroristische Praxis antrieben. Diese Praxis steigerte noch einmal den Realitätsverlust und die ideologische Radikalisierung der Gruppe, und lud sich so wiederum mit neuer Gewaltenergie auf. Dieser Vorgang der Selbststimulation wurde noch durch die »erste Generation« der RAF während ihrer Haftzeit gesteigert und modifiziert. Als radikale Konsequenz ihrer eigenen Wahnalternativen trieb er sie schließlich in den kollektiven Selbstmord, der aber keine Beendigung der Gewalt bezweckte, sondern selbst, so seine Inszenierung, als eine Waffe zur weiteren Befeuerung der Gewalt »draußen« wirken sollte.

Dass die betulichen Lobreden auf die Achtundsechziger als einer »demokratischen Bewegung« oder gar als der »wahren Gründergeneration« der »alten Bundesrepublik« nicht mit dem Selbstverständnis der führenden Akteure von damals übereinstimmen und eine »Geschichtserfindung« darstellen, die ihrerseits ideologietheoretisch erforscht gehörte – diesem Urteil Gerd Koenens wird jeder beipflichten, der das linksradikale Curriculum des »roten Jahrzehnts« studiert hat.[4] Spätestens 1968 war »1968« eine antidemokratische und antiwestliche, aber beileibe keine »antiautoritäre« Bewegung geworden, in der, in einer merkwürdigen Mischung aus Größenwahn, Narzissmus und Spielerei, viele tendenziell totalitäre Denk- und Verhaltensmuster eingeübt wurden. Gedacht werden muss dieser Vorgang auch als Folge einer »Erfahrungsferne« der meisten Angehörigen der Bewegung: Sie gehörten überwiegend der »zweiten Friedensgeneration« an, jenen nach 1945 geborenen, die die Härten der Kriegs- und unmittelbaren Nachkriegszeit kaum noch spüren mussten, und die den Wohlstand, den die größte ökonomische Prosperitätsperiode der »alten Bundesrepublik« beschert hatte, weitgehend als Selbstverständlichkeit empfanden. Der Ideologiewahn der Zeit, die Suche nach einem theoretisch vollkommen wetterfest gemachten Weltanschauungsdach, wurde ganz wesentlich durch diese »Erfahrungsferne« und ein massiv beschädigtes Verhältnis zur eigenen Nation und zu den eigenen Eltern – die der Kriegs- und Aufbaugeneration angehörten – befördert.

Auf den drei Feldern Ideologie, den damals neu entstehenden Subkulturen und dem Faktor Gewalt möchte ich nun die Verbindungen zwischen »1968« und dem Terrorismus beschreiben. Zunächst zur Ideologie: In der Literatur herrscht weitgehende Übereinstimmung darüber, dass man den Terrorismus im »roten Jahrzehnt« mit Begriffen wie »Voluntarismus« oder »Dezisionismus« beschreiben könne. Allerdings werden derartige Zeichnungen immer dann zum Zerrbild, wenn daraus auf eine Ideologieferne geschlossen wird. Denn der »Primat der Tat«, dem die Terroristen folgten, entfaltete sich auf dem Boden des damaligen Denkens. Wenn sie »voluntaristisch« agierten, dann bezogen sie sich jeweils auf Fetzen aus diesem ideologisierten Wirklichkeitsbild, und nicht auf Nichts. 1969, als die Terroristen zur Tat schritten, war die Atmosphäre in den linken Subkulturen so ideologiegeladen, dass man die Ideologieformeln, die auch den Terrorismus nährten, gewissermaßen einatmen konnte.

Prototypisch lässt sich an Rudi Dutschkes Entwicklung der Weg rekonstruieren, der die Studentenbewegung zu jenem Ideologiemix führte, dessen sich auch der Terrorismus bediente: Dutschke beschäftigte sich zu Anfang der sechziger Jahre mit dem Existenzialismus, stieß dann auf die Kritische Theorie und den Marxismus, dem der Leninismus, der Maoismus und Ideologien der »Befreiungsbewegungen« in der Dritten Welt folgten. Am Ende schließlich setzte er sich mit Ideen zum bewaffneten Kampf durch »illegale Kader« in den Metropolen auseinander, also mit Rezepten für eine moderne Stadtguerilla, deren Nähe zum Terrorismus evident ist. Aber auch die davor liegenden Stationen haben einen Beitrag zu dessen Genese geleistet, wenn auch teilweise nur untergründig.

Das gilt auch für die sogenannte Kritische Theorie, selbst für das pessimistische, welträtselnde Theoriegespinst eines so verletzlichen und jeder Praxis abholden Menschen wie Theodor W. Adorno, der in seiner »Negativen Dialektik« seine schon zuvor in der »Dialektik der Aufklärung« vorgebildeten Unheilsgedanken zu einer apokalyptischen Gegenwartssicht ausgeweitet hatte, in der die moderne Gesellschaft in ihrer Gesamtheit als »das Unwahre« erscheint.[5] Weil diese Theorie nicht nur auf die Kritik einzelner gesellschaftlicher Missstände zielte, sondern stattdessen um einen nebulösen Begriff des »Ganzen« als des »Falschen« kreiste, hat sie an der radikalen Delegitimierung des bestehenden Gesellschaftssystems mitgewirkt. Und genau dies war eine der Grundbedingungen, aus denen – natürlich als völlig unintendierte Wirkung der Theorie – die Rechtfertigung von Gewalt abgeleitet werden konnte.

Im Gegensatz zu Adornos praxisfernem Totalpessimismus verkörperte Herbert Marcuses Denken eine aktivistische Spielart der Kritischen Theorie. Auch sie war durch einen Begriff vom »falschen Ganzen« bestimmt, aber zugleich enthielt sie Praxispostulate und kam deshalb dem Aktionsdrang der Studentenbewegung weiter entgegen. In einem eigenwilligen Versuch der Synthese der Ideen von Karl Marx und Sigmund Freud hatte Marcuse die moderne westliche wohlfahrtsstaatliche Gesellschaft als einen sich in und durch die moderne Technik permanent reproduzierenden totalisierten Herrschaftszusammenhang ausgemalt, der, die Tendenzen zu einem neuartigen Faschismus in sich einschließend, die Menschen durch totale Bedürfnis- und Bewusstseinsmanipulation auf den Status einer umfassenden Eindimensionalität herabdrücke. Gegen diesen totalisierten Herrschaftszusammenhang sei eine totale Opposition gefordert, und zwar auf allen Ebenen und immer gegen das System als Ganzes. Es war neben ihrem Postulat der Totalopposition vor allem jene kulturrevolutionäre Zielrichtung, mit der Marcuses radikal-romantische Theorie die Studentenbewegung angefeuert hat.

Mit der sich ab 1967 verstärkenden Zuwendung zum Marxismus – zu Marx, Lenin und insbesondere zu Georg Lukacs – bekamen der Kapitalismus- und Imperialismusbegriff sowie diverse andere Feindbilder schärfere Konturen. Weit folgenreicher war jedoch die so angestoßene Rechtfertigung und Propagierung revolutionärer Gewalt, die in eine überbordende Gewaltrhetorik mündete. Da man jetzt auch die Dritte Welt und ihre »Befreiungsbewegungen« entdeckte, an erster Stelle den Vietcong als Speerspitze gegen die USA als Weltfeind Nr.1, und sich zugleich in vielen anderen Ländern linksradikale Jugendbewegungen entwickelt hatten, konnte man sich in die Rolle eines Teilnehmers eines die Dritte Welt und die »Metropolen« zusammenspannenden weltrevolutionären Gewaltprozesses hineinphantasieren. Es sei hier unterstrichen, dass sich damals sehr unterschiedliche Spielarten des Marxismus ausbreiteten, von denen aber nur eine kulturrevolutionär und existenzialistisch uminterpretierte Variante für den ideologischen Kontext wichtig wurde, der den Terrorismus begünstigt hat. In ihr spielte zwar Marx' Revolutionspostulat eine zentrale Rolle, aber nicht mehr das »Proletariat« als dessen Ausführungsorgan, weshalb man kräftig nach neuen »revolutionären Subjekten« Ausschau hielt. Von Lenin wurde zwar die Imperialismustheorie übernommen, aber aus seiner Parteikonzeption trennte man nur den Gedanken der revolutionären Avantgarde und die – genuin totalitäre – Idee heraus, dass ihr privilegierter Zugang zur Wahrheit die Gruppen zum stellvertretenden Handeln legitimiere. Studentenbewegung und Terrorismus verband schließlich noch die existenzialistische Uminterpretation des Marxismus, besonders Jean-Paul Sartres Philosophie der Neuerschaffung der Person im Kampf gegen die »Gewalt der Verhältnisse«, die sich in der Theorie der terroristischen Gruppe konkretisierte.

So ist zusammenzufassen, dass die radikale Delegitimierung des Bestehenden als des »Falschen«, die Idee kulturrevolutionärer Totalopposition, der allgegenwärtige Faschismusvorwurf, der Bezug auf die Befreiungsbewegungen der Dritten Welt, die mit Vorstellungen einer Avantgarde und stellvertretenden Handelns verknüpfte Postulierung revolutionärer Gewalt und schließlich die – ganz wesentlich vom Ekel am kapitalistischen Warenüberfluss gespeiste – existenzialistische Idee der Neuerfindung der Person im Kampf – die wichtigsten Ideologeme waren, die Studentenbewegung und Terrorismus miteinander verknüpften. Allerdings wurde mit ihnen zumeist in einer Weise hantiert, dass die letzte Konsequenz zu fehlen schien. Sie waren auch nicht kohärent miteinander verbunden, sondern waberten teilweise nur als wolkige Leitmotive herum. Auch deswegen wäre es ganz unsinnig, allein daraus den Terrorismus deduzieren zu wollen. Sie haben aber zweifellos an der Ausformung eines terroristischen Willens mitgewirkt und schufen einen Legitimationsfundus, aus dem sich die Terroristen und ihre Sympathisanten bedienen konnten.

Ideologien verfestigen sich in den Köpfen normalerweise erst in bestimmten, nach »außen« irgendwie abgegrenzten sozialen Zusammenhängen – in Prozessen zirkulärer Selbstbestätigung. Das gilt um so eher, wenn sie ein sich gegen das »Außen« richtendes Potential zur Gewalt einschließen, das sich nur in ideologischen Radikalisierungsprozessen entbinden kann. Diese Funktion hatten in der Achtundsechzigerbewegung keineswegs nur studentische Organisationen wie der SDS, sondern in viel stärkeren Maße die sub- und gegenkulturellen Milieus, die sich mit und in ihr entwickelt hatten. Begünstigt durch die singuläre politische Situation und ungewöhnliche soziale, demographische und städtebauliche Umstände war ein derartiges Milieu zuerst in West-Berlin gewachsen, und in ihm Dispositionen mit einer Nähe zum Terrorismus. Im hochgradig libidinösen Binnenklima dieses sozial dicht vernetzten Raumes verwirklichte sich der kulturrevolutionäre Impuls der Bewegung in ganz neuen Lebensformen, in einer Vielfalt von Stilelementen und politischen Orientierungen, die aber das »Gegen« zur Normalgesellschaft verband. Geformt wurde dieser soziale Habitus ganz wesentlich durch den Verbalradikalismus des Ideologiejargons. Weil er »außerhalb« weitgehend unverständlich war, und so als Kommunikationsbarriere wirkte, konnte er sich intern konservieren und steigern.

In diesem sozialen Biotop gediehen schon 1968/69 »halbterroristische« Gruppen prächtig, die Anschläge primär wegen des damit verbundenen »Thrills« und »Funs« ausübten. »High sein, frei sein, ein bisschen Terror muss dabei sein« riefen die aus der Kommunebewegung hervorgegangenen »umherschweifenden Haschrebellen«.

Leicht boten hier auch Wohngemeinschaften mehr oder weniger unwissentlich einem Unterschlupf suchenden Terroristen eines ihrer Matratzenlager an. Die charakteristischste Verkörperung der Nähe des damaligen kulturrevolutionären Radikalismus zum Terrorismus aber stellten die Sozialexperimente der Kommune 1 und 2 dar,[6] die dem eigenen Selbstverständnis nach keineswegs jene ironisch-witzigen Kollektivveranstaltungen zur hedonistischen Befriedigung sexueller Bedürfnisse in unverbindlichen Beziehungen waren, als die sie in den Medien oft dargestellt wurden. Stattdessen stellten sie einen Versuch dar, »den ganzen Alltag« in einem total politisierten Gehäuse »zu revolutionieren«, um so den »neuen Mensch« entstehen zu lassen, wie ihre wichtigste Gründerfigur Dieter Kunzelmann vollmundig erklärte. Nur innerhalb dieses kulturrevolutionären Rahmens spielte die Sexualität im Kommunekonzept eine Rolle. Diese Ideologisierung der Sexualität in einer »neuen« Geschlechterbeziehung war auch für den Terrorismus bedeutsam, war sie doch eine der Grundvoraussetzungen für dessen hohen Frauenanteil, der ihn am deutlichsten etwa von den rechtsterroristischen Geheimbünden der Weimarer Zeit unterschied.

Eine mindestens genauso wichtige Rolle spielte in den ideologischen Dauerdiskussionen der Kommunen, in denen ganz naturwüchsig den radikalsten Ansichten das höchste Gruppenprestige zufloss, das Thema Gewalt. Provokationen hatten die faschistische Selbstentlarvung der »Herrschenden« zu bewirken, während deren Gewalteinsatz die eigenen Gewaltspiele und -phantasien legitimieren und anheizen sollte. Das demonstrieren am krassesten die unter der Schlagzeile »Wann brennen die Berliner Kaufhäuser?« erschienenen berüchtigten Flugblätter der Kommune 1 vom Mai 1967,[7] die zur unmittelbaren Vorgeschichte des deutschen Terrorismus gehören. In ihnen wurde die Brandkatastrophe in einem Brüsseler Kaufhaus, bei der am 22. Mai 1967 251 Menschen qualvoll umgekommen waren, als bewusste Aktion einer belgischen Anarchistengruppe dargestellt, und so nach eigenem Verstehen witzig-provokativ verfremdet: »Unsere belgischen Freunde haben endlich den Dreh heraus, die Bevölkerung am lustigen Treiben in Vietnam wirklich zu beteiligen:

Sie zünden ein Kaufhaus an, zweihundert saturierte Bürger beenden ihr aufregendes Leben, und Brüssel wird Hanoi. ...Wenn es irgendwo brennt in der nächsten Zeit ... seid bitte nicht überrascht (Auf die Bombardierung Hanois hat Brüssel uns (die einzig richtige Antwort (gezeigt) Burn, ware-house, burn«. Die Flugblätter führten zu einer Anklage wegen des Aufrufs zu vorsätzlicher Brandstiftung, doch endete der Prozess im März 1968 mit einem Freispruch. Hierzu trug auch ein Gutachten prominenter Professoren der Freien Universität Berlin bei, das den Flugblättern einen ausschließlich literarischen Charakter – im klassischen Stil des Surrealismus – bescheinigte.[8] Einen Monat danach brannte in Frankfurt tatsächlich ein Kaufhaus, angezündet von Gudrun Ensslin und Andreas Baader. Beide gehörten zum festen Umfeld der Kommune 1 und hatten bei ihren häufigen Besuchen 1967 dort öfter vorgeschlagen, nicht »nur zu quatschen«. Der Kaufhausbrand[9] vom 2. April 1968 aber war die »Urtat« für die Gründung der RAF.

Von der Bedeutung der Gewaltphantasien in den Kommunen müssen wir noch einmal zurückgehen auf den größeren Zusammenhang, die damalige Rolle wirklicher Gewalt. Fasst man den Zeitraum der Jahre 1967 und 1968 ins Auge, als sich in einer singulären, massencharismatisch aufgeheizten Atmosphäre das Wechselspiel von Gewaltpraxis und ideologisierter Gewaltrechtfertigung gegenseitig hochschaukelte, dann wird sichtbar, dass diese Eskalation der Gewalt im Terrorismus zwar keine notwendige, aber doch eine schlüssige Fortsetzung fand. Das Gewaltfaktum verband Studentenbewegung und Terrorismus so stark, dass letzterer wie eine zusammengepresste und radikalisierte Form bestimmter Merkmale der ersteren erscheint.

Schauen wir auf die Sequenz der signifikantesten Ereignisse: die Erschießung Benno Ohnesorgs am 2. Juni 1967,[10] die eine Bündelung des Protest- und Aktionspotentials bewirkte und, im Zusammenhang mit einer Intensivierung und Verbreitung des Faschismusvorwurfs gegen die »Herrschenden«, die Bereitschaft zur »revolutionären Gegengewalt« erhöhte. Darauf folgten die Demonstrationen im Zusammenhang mit dem antiamerikanischen »Vietnam Kongress« Mitte Februar 1968, der die nationale Protestbewegung mit den »Befreiungsbewegungen« in der Dritten Welt verbinden sollte und auf der Dutschke die volle »Identifikation mit dem Terrorismus in der Dritten Welt« forderte. Vom Aufbau einer illegalen Stadtguerilla, die zum Erhalt des »Friedens auf dieser Erde« durch Angriffe auf »Militärzentren« beitragen könne, hatte er aber bereits im Herbst 1967 gesprochen.[11] Der Berliner Senat initiierte einige Tage nach den Vietnam-Demonstrationen eine Gegendemonstration mit 80 000 Teilnehmern unter dem Motto »Berlin darf nicht Saigon werden«, die das Hasspotential in der »Frontstadt« gegen »die Studenten« noch einmal erhöhte und auch in umgekehrter Richtung das Feindbild verfestigte. Anschließend ereigneten sich der schon erwähnte Brandanschlag auf die Frankfurter Kaufhäuser, das Attentat auf Rudi Dutschke, dem die mehrtätigen »Osterunruhen« im ganzen Land folgten, und Angriffe vor allem auf Gebäude des Springer-Konzerns, in deren Verlauf in München zwei Demonstrationsteilnehmer durch Wurfgeschosse von Mitdemonstranten umkamen. Das Ereignis verglich Horst Mahler mit einem Unfall durch geplatzte Reifen, der ja auch nicht dazu führe, dass man sich nicht mehr ans Steuer setze. Auch stimulierte der »Pariser Mai« Universitätsbesetzungen, die sich an einigen Orten mehr oder weniger dauerhaft in Tollhäuser verwandelten, in denen Dozenten so eingeschüchtert wurden, dass mancher an die SA oder den Terror der »Roten Garden« des mittlerweile für viele Achtundsechziger als Vorbild dienenden China Maos denken musste. Schließlich ereignete sich nach einer immer radikaleren Rhetorik »revolutionärer Gegengewalt« im Sommer 1968 die »Schlacht am Tegeler Weg« in Berlin, bei der Demonstranten offensiv gegen unvorbereitete Polizisten vorgingen und eine Vielzahl von ihnen teils schwer verletzten.

Mit der Entdeckung einer eigenartigen Lust an der Gewalt verbreitete sich auch ein obsessiver Gebrauch des neuen Modewortes »Militanz«. Gerade die wie ein »Trip« inszenierte Kaufhausbrandstiftung zeigte befreiende, selbsttranszendierende Wirkungen sowie ihre Potenz zur Herstellung jener Hochgefühle, in denen sich die Person als ein vom alten Ich erlöster Anderer erfahren kann. Dies

1969 kommt es in Stuttgart während einer Maidemonstration zu gewalttätigen Auseinandersetzungen.

hatten schon Sartre und Frantz Fanon als wichtigste Funktion revolutionärer Gewaltanwendung für den Unterdrückten beschrieben.

Dieses narzisstische »Tantra der Gewalt« (Gerd Koenen) umfasste aber noch eine tiefere Bedeutung, die sich erst erschließt, wenn man neben den ideologischen Stimulantien die ganz einzigartige damalige Generationenkonstellation ins Auge fasst und Studentenbewegung und Terrorismus auch als einen Aufstand gegen die eigenen Väter deutet. Hierbei muss folgendes bedacht werden: Der damals allgegenwärtige wohlfeile Faschismusvorwurf, der die ideologische Nähe zu den Herrschenden auf der anderen Seite des »antifaschistischen Schutzwalls« offenbarte, sollte keineswegs nur als eine theoretisch weitgehend irreführende Ideologieformel bewertet werden. Er war auch ganz wesentlich ein sozialpsychologisches Kampfinstrument in der intergenerationellen Auseinandersetzung der Jugend gegen ihre Elterngeneration, die Nazi-, Kriegs-, Kriegsverlierer- und Aufbaugeneration. Während sie dem Staat den Faschismusvorwurf entgegenschleuderte, erzeugte sie das Gefühl eines unüberbrückbaren Gegenübers und einer unangreifbaren moralischen Superiorität, die zugleich die moralische Selbstermächtigung zur Gewaltausübung einschloss. Dieser beständige Angriff sollte diese Jugend endgültig aus der Verstrickung in ihre vielfältige »Schuld« befreien und zum Gefühl eines völligen Andersseins verhelfen.[12] Das existenzialistische Motiv der radikalen Selbstverwandlung im Kampf schimmert in vielen Schriften der damaligen Zeit auf, am eindrucksvollsten in Bernward Vespers »Die Reise«, die wie keine andere den Wahn im Überschneidungsbereich von Studentenbewegung und Terrorismus spiegelt.[13] Vesper, der erste Mann von Gudrun Ensslin, Vater ihres Kindes und Sohn des berühmten und ihn tief prägenden »Blut und Boden«-Dichters Will Vesper, propagierte als Reaktion auf das angebliche »Terrorurteil« des Kaufhausbrandprozesses die Losung »Schafft zwei, drei, viele Kaufhausbrände«. Danach bewegte er sich im Zuge weiterer Radikalisierungen beständig an der Grenzlinie zum Terrorismus, die er in seiner Phantasie weit überschritt. Das Buch »Die Reise«, das ursprünglich »Hass« heißen sollte, ist ein verwirrter autobiographischer Versuch der Selbstfindung durch Selbstverwandlung mittels Drogen, Sex und ideologisierter Gewalt. Er erschüttert nicht nur deshalb, weil er im klinischen Wahnsinn und Selbstmord des Autors endete, sondern weil gerade der routinierte Gebrauch der Ideologieformeln vom »Faschismus« Vesper nur eine gewaltsam-äußerliche Entfernung vom toten Vater ermöglichte, die die Bindung gerade nicht aufhob, aber den Vater noch unerreichbarer machte.

Vor dem gerade skizzierten Hintergrund war es folgerichtig, dass die Geschichte des deutschen Terrorismus im Mord an Hanns Martin Schleyer kulminierte, der als Wirtschaftsführer mit nationalsozialistischer Vergangenheit das Gegensymbol schlechthin der damaligen ideologischen Fixierungen darstellte. Dieser Mord trägt die Züge eines kollektiven Vatermordes und bewirkte gerade deswegen auch diffuse untergründige Sympathien in den linken Milieus. Aber es würde doch ein ganz verqueres Bild vom linksradikalen Gemengelage an Motiven jener Zeit vermitteln, wenn man diesen Mord nicht im Zusammenhang mit einer ganz anderen, aber genauso charakteristischen Kette von Untaten sehen würde, die sich gegen Juden richteten, den »antizionistischen«. Es ist erst vor kurzem stärker ins Bewusstsein gerückt worden, dass der versuchte Bombenanschlag auf das jüdische Gemeindezentrum in West-Berlin am 9. November 1969, genauer gesagt auf die Teilnehmer einer Gedenkveranstaltung zur »Reichskristallnacht« von 1938, eine der ersten Taten des organisierten deutschen Terrorismus war. Glücklicherweise zündete die Bombe nicht. An die Tat schloss sich gewissermaßen »logisch« die vorbehaltlose Rechtfertigung des über alle Maßen grausamen Mordterrors des palästinensischen Kommandos »Schwarzer September« gegen die israelische Olympiamannschaft während der Olympischen Spiele 1972 in München an. Für die als moralisierende Antifaschistin bekannt gewordene Ulrike Meinhof war das eine »gleichzeitig antiimperialistische, antifaschistische und internationalistische« Aktion,[14] während Horst Mahler sie als einen Schritt im Kampf gegen den Zionismus als »neuen Faschismus« begrüßte.

Zum gespenstischen Höhepunkt dieser Kette wurde dann die Entführung einer Air France-Maschine 1976 durch deutsche und palästinensische Terroristen nach Entebbe in Uganda. Auf dem Flughafen begannen diese mit der Selektion der jüdischen Flugpassagiere und drohten mit Erschießungen. Diese Zielrichtung des deutschen Terrorismus war einerseits die Konsequenz der vorbehaltlosen Identifikation mit dem palästinensischen Kampf, die ihren ersten krassen Ausdruck in den Trainingsreisen im Jahre 1969 in deren Terroristencamps fand, die viele der zukünftigen Terroristen der »ersten Generation« mit radikal vereinfachten Feindbildern und einem nun konkret gewordenen Willen zur terroristischen Tat wieder verließen. Auch war sie ganz im Einklang mit den damaligen sowjetischen »Antizionismus«-Kampagnen, die, als eine neue Variante des Antisemitismus, Zusammenhänge zwischen »Zionismus« und »Imperialismus« konstruierten und den nationalsozialistischen Weltverschwörungstheorien weitgehend ähnelten.[15] Aber außer diesen manifesten ideologischen Motivationen, die als solche bereits das hehre Banner des »Antifaschismus« in ein fahles Zwielicht rücken und seine Träger eher wie Wiedergänger ihres angeblichen Feindes erscheinen lassen, gibt es viele Indizien für untergründige sozialpsychologische Antriebe, die auf noch andere Facetten im »Antifaschismus« hindeuten. Wenn Kunzelmann nach seiner Palästinafahrt 1969 den Anschlag auf das jüdische Gemeindezentrum damit rechtfertigte, die »Herrschaft des Judenkomplexes« in Deutschland zu brechen, welche eine klare Freund-/Feindbestimmung im Israel-Palästinenserkonflikt verhindere, dann präsentiert er uns eine unübersehbare, durch die Ideologie durchscheinende narzisstische Komponente im damaligen Motivgemenge. Mit der terroristischen Tat am Jahrestag der Judenpogrome wird demonstriert, dass man den Mord an den Juden durch Deutsche der Elterngeneration vor allem als narzisstische Kränkung seines Selbstbildes erfahren hat, von der man sich am radikalsten befreit, indem man sich gegen die beiden richtet, die sie einem eingebrockt haben, die Täter und die Opfer.

In der ganz einzigartigen, durch radikale Weltveränderungsentwürfe und »action« geprägten Atmosphäre zwischen 1967 und 1969 war der Übertritt zum Terrorismus normalerweise kein Ergebnis eines bewussten Einzelschritts, sondern ähnelte eher, wie bei Gudrun Ensslin, einem durch eine ganz vage Idee des »Etwas-machen-Müssens« – »gegen das System«, »gegen Vietnam« – ausgelösten Hineingleiten, das bei Ensslin und vor allem bei Ulrike Meinhof durch tiefe Lebenskrisen beschleunigt wurde. Aber es war genauso typisch, dass nach dem Überschreiten der Grenze alle Brücken zum vorherigen Leben mit einer fast beispiellosen existenziellen Radikalität zerstört wurden, wodurch man sich so etwas wie eine, bei Ensslin durch Sartre-Lektüre noch theoretisch untermauerte, »revolutionäre Wiedergeburt der Person im Kampf« versprach. Der besonders erschütternde Teil dieser »Strategie der existenziellen Selbstentbindung«, wie Gerd Koenen das genannt hat, war der vollkommene Bruch der Beziehung zu den eigenen Kindern, und zwar nicht nur bei den Kernkadern der RAF. Gerade bei Meinhof, deren

Zwillinge nur um ein Haar dem ihnen zugedachten Schicksal entgingen, als namenlose Waisen in einem palästinensischen Flüchtlingscamp aufzuwachsen, muss das rasende Gewissensbisse ausgelöst haben. Auch die Kinder der Terroristen waren Opfer, Opfer einer anderen Kategorie. Solche Selbstentbindungen erzeugten jene wahnhaft-moralisierenden Radikalalternativen und jenen Hass, der die Mordpraxis antrieb. Diese Disposition fand bei Ulrike Meinhofs Selbsthass ihre monströseste Ausformung. Bei ihr war die existenzialistische Motivierung des »bewaffneten Kampfes« am intensivsten und überlagerte den Ideologiewahn. So begriff sie die Opfer- und Todesbereitschaft des »bewaffneten Kämpfers« als wichtigstes Gütesiegel der RAF, das ihre Elite- und Avantgarderolle begründe und vor »Opportunismus« und »Reformismus« bewahre. Und dieser Kämpfer habe selbstverständlich ein Recht zu töten, und zwar nicht nur die Träger und Repräsentanten des »Systems«, sondern auch deren kleine Beschützer, denn, so Meinhof, »die Bullen sind Schweine, der Typ in Uniform ist ein Schwein, das ist kein Mensch ... insofern es (seine) Funktion ist, die Kriminalität des Systems zu schützen ... und natürlich kann geschossen werden«.[16] Aber die durch Ideologie und »existenzielle Selbstentbindung« ermöglichte Selbstermächtigung zum Mord, die dieses brutale Zitat demonstriert, hatte nicht nur bei Meinhof zum Komplement den Kampf gegen den »Todfeind in mir«. Helmut Pohl forderte in einem Kassiber die Bereitschaft zur Selbst-Tötung, wenn sich das »Schwein im Selbst« als unüberwindbar erweise. In den existenzialistischen Radikalalternativen der Kassibertexte von Stammheim, ohne die weder Holger Meins' Tod im Hungerstreik noch Ulrike Meinhofs Selbstmord verständlich wird, »entweder mensch oder schwein/entweder überleben um jeden preis oder/kampf bis zum tod... dazwischen gibt es nichts«, ist die RAF gewissermaßen erst ganz zu sich selbst gekommen.

Das von Ulrike Meinhof formulierte Konzept Stadtguerilla erstrebt die gewaltsame Durchsetzung politischer Ziele.

Es würde aber völlig in die Irre führen, die Entstehung und Macht dieser Radikalalternativen individualpsychologisch deuten zu wollen, so wichtig derlei Dispositionen auch waren. Sondern sie fußten ganz wesentlich auf dem Ergebnis von gruppeninternen Dynamiken, die als unbewusst-unsichtbare Antriebsenergien Willen und Ziele der Akteure bestimmten. Grundsätzlich gilt, terroristische Organisationen wie die RAF stellen die »totalsten« Gruppen dar, die überhaupt denkbar sind. Sie heben die moderne Rollendifferenzierung der Person völlig auf und lassen ihn vollkommen zum »bewaffneten Kämpfer« werden. Die Gruppe, die im Untergrund neue Gewalttaten aushöckt und zugleich beständig auf der Flucht ist, bewegt sich aufgrund der weitgehend gekappten Kommunikationskanäle wie ein isoliertes Partikel durch ein feindliches »Außen«, angetrieben durch Selbststimulation und Vermutungen über die Absichten der Feinde. Für die Selbststimulation aber sind drei Prozesse von zentraler Bedeutung: erstens ein Zirkel gegenseitiger Selbstagitation und damit ideologischer Bestätigung, der typischerweise einen Mechanismus der ideologischen Radikalisierung bewirkt, verbunden mit zunehmendem Realitätsverlust; zweitens ein Mechanismus gegenseitiger Kontrolle, der das Ausscheren erschwert; und drittens – am wichtigsten – ein Autoritätszirkel, durch den die Selbstachtung eines jeden, der sich ja mit Haut und Haaren der Gruppe ausgeliefert hat, in Gänze von der Achtung abhängig wird, die ihm die anderen spenden. Mittels ihres Selbstwertgefühls miteinander verkettet, will dann jeder, was alle wollen. Paradoxerweise wurden diese Prozesse bei der RAF nach der Gefangennahme nicht unterbrochen, sondern wirkten sogar gesteigert fort. Der Gruppe gelang durch sympathisierende und unterstützende Anwälte eine Aufrechterhaltung ihrer Kommunikation, die sie im Bunker von Stammheim zur völligen Selbsteinbunkerung nutzte. Sie errichtete eine Mauer sprachloser Totalfeindschaft, hinter der alles, was von den anderen, den »Schweinen« ausging, zu einer Bestätigung der eigenen Ideologieprämissen und Wahnalternativen, sowie ihres Selbstbildes als »Opfer des Systems« umgemünzt wurde. So erschienen jegliche Veränderungen der Haftbedingungen, selbst »Liberalisierungen«, als weitere perfide Maßnahmen in einem angeblich auf »Vernichtung« zielenden System der »Isolationsfolter«, gegen das nur Widerstand bis zum letzten zählt.

Die völlige, unauflösliche Abhängigkeit der Selbstachtung von der Achtung der anderen in einem derart geschlossenen System kann einen völligen Zusammenbruch im Selbsthass erzeugen, aus dem als letzter Ausweg nur noch der Selbstmord bleibt, wenn der Person die Gruppenachtung entzogen wird. Dies war offensichtlich der Mechanismus, der Ulrike Meinhof nach wüsten Kassiberattacken des RAF-Führungspärchens Ensslin/Baader in den Selbstmord getrieben hat. Umgekehrt kann er aber auch dazu führen, dass gerade das Aufrechthalten der Selbstachtung die Selbsttötung erzwingt, falls die Gruppe diese fordert. Deshalb hungerte sich Holger Meins zu Tode und beging die Restgruppe 1977 kollektiven Selbstmord. Gesehen werden muss hier der offensive Charakter dieser Selbstmorde – der kollektive von 1977 war nicht umsonst als Exekution getarnt: Sie waren als Waffe gedacht, die den Kampf »draußen« weiter befeuern sollte. Der Selbstmord war die radikalste Konsequenz dessen, was Helmut Pohl sich selbst abverlangen wollte – sich im Kampf gegen das »innere Schwein«, zur »absoluten Waffe« zu schmieden, zur »Waffe Mensch«. Und dass die »Waffe Mensch« durch Selbstmord tatsächlich ihre höchste Sprengkraft bekam, bewiesen die Ereignisse danach. Der Hungertod von Holger Meins setzte die zweite Terroristengeneration in Bewegung, deren erste große Untat das Geschehen um die Botschaftssprengung in Stockholm wurde. Der kollektive Selbstmord regte den Mord an Schleyer an, stimulierte Legenden und Hysterien ebenso wie den Mordterrorismus einer namenlosen »dritten Generation«.

Das Paradoxon aber, dass die zentrale Gruppe im deutschen Terrorismus des »roten Jahrzehnts« aus der Gefangenschaft und durch Selbstmord ihre größte Wirksamkeit entfaltete, wird nur verständlich, wenn wir die Mittlerfunktion des Sympathisanten ins Auge fassen. »Sympathisant« ist der Oberbegriff für ein Spektrum sozialer Typen, an dessen oberen Ende sich der Übergang zum aktiven Unterstützer, zum Mittäter, befindet. Diese Position nahmen an erster Stelle einige der Verteidiger der Gruppe ein. Sie halfen nicht nur die gruppeninterne Kommunikation aufrecht zu erhalten, sondern stellten auch einen Kommunikationskanal nach »außen«, in die Medienöffentlichkeit und ins diffuse Gesamtfeld des Sympathisantentums her. So wurden Kampagnen gestartet und Aktionen stimuliert.

Fragt man sich, was sie in diese Gehilfen- und Propagandistenfunktion hineinbrachte, dann reicht der Hinweis auf ihre ideologische Nähe zur Gruppe nicht aus. Noch viel enger band sie ein autoritatives Band, was die Selbstanerkennung mit der Anerkennung durch die Gruppe verknüpfte. Anders wird das Verhalten einiger Anwälte, etwa ihre freiwilligen Überschussleistungen oder die Wirksamkeit der Drohung, sie von der Verteidigung zu entbinden und somit von der Gruppe zu entfernen, an die sie ganz offensichtlich durch ihr Selbstwertgefühl gekettet waren, nicht nachvollziehbar. Als Quelle dieser Gruppenautorität drängt sich folgender Umstand auf: Es war an erster Stelle ihre existenzielle Radikalität.

Die RAF in der Gefangenschaft ist ein Musterbeispiel für jenes gar nicht so seltene Phänomen, dass Radikalität eine Bannkraft erzeugt, die zu autoritativer Macht umgeformt werden kann. Freilich wäre diese Macht der Terroristengruppe über ihre Verteidiger ohne das weite Umfeld gesellschaftlichen Sympathisantentums kaum denkbar gewesen. Dieses umschloss eine Vielfalt von Formen und ging an seinem unteren Ende in jene, in der linksliberalen Öffentlichkeit weit verbreitete Attitüde der »eingeschränkten Verständnisbereitschaft« über – eingeschränkt auf einige angeblich hehre Motive der Terroristen. Jeder vierte Bundesbürger unter 30 Jahren neigte 1971 zu dieser Einstellung. Gestützt wurden die diversen Formen der Sympathie durch prominente »Echtheitsgaranten«, die in der Medienöffentlichkeit eine gewisse Zustimmungsbereitschaft zu ideologischen oder angeblich moralischen Motiven signalisierten und dadurch die Blickrichtung des Publikums von der terroristischen Gewaltpraxis und ihren Opfern ablenkten. Teilweise geschah das durch Kampagnen, in denen die Täter zu Opfern umdefiniert wurden. Sartres Besuch in Stammheim erzeugte zum Beispiel in der außerordentlich erfolgreichen Aktion gegen »Isolationsfolter« eine solche »Echtheitsgarantie«, und Heinrich Bölls kitschige Prosa über die »Verlorene Ehre der Katharina Blum« verfestigte bei manchem Leser durch ihre literarische Konstruktion das Verständnis für angeblich edle Kerne in den Zielen der Terroristen.

In seinem tiefsten Wesenskern war der deutsche Terrorismus des »roten Jahrzehnts« ein transpolitisches Phänomen. Darauf verweist übrigens auch, dass das, was normalerweise zum Begriff des Terrorismus gehört – sein an einen »Dritten« adressierter Zeichencharakter, auf den seine Taten als Fanal wirken sollen – hier in einem Prozess der sukzessiven Inversion immer mehr verblasste: Wurde anfangs der Terrorismus noch als Teil eines »antiimperialistischen Kampfes« propagiert, so bezog er sich nach der Inhaftierung der Kerngruppe fast nur noch auf diese selbst, als Mittel zu ihrer Befreiung. Der Terrorismus hatte sich in ein um sich selbst kreisendes Gewaltphänomen verwandelt. Aus der Rückschau wirkt der deutsche Terrorismus wie ein durch eine Ideologiehülle nur notdürftig verdeckter existenzialistischer Amoklauf. Aber ohne diese Hülle wäre er nicht möglich gewesen, und diese war eine radikalisierte Variante ideologischer Muster der Studentenbewegung. So ist jene im Deutschen Herbst von 1977 kulminierende Entwicklung an ihre Anfänge im Jahre 1967 rückgebunden. Mit einer gewissen Überpointierung lässt sich behaupten, dass im deutschen Terrorismus der Wahn im »roten Jahrzehnt« seine extremste Form und in ihr gewissermaßen seine idealtypische Ausprägung gewann. Wie keine andere Dekade bundesrepublikanischer Geschichte prägt es die kollektiven Mentalitäten um. Erst seit kurzem wandelt der Zeitgeist in Deutschland nicht mehr in den so gebahnten Pfaden. Deswegen werden nun Rückblicke möglich, in denen wir uns selbst in einer neuartigen Weise begegnen.

Das Bild der RAF-Opfer
in der Berichterstattung

Werner Birkenmaier

Es ist, als wäre ein Knoten geplatzt: nachdem die Medien sich 30 Jahre lang um das Thema so gut wie nicht gekümmert haben, rücken jetzt die Opfer der RAF in den Mittelpunkt. Das gilt nicht nur für diese Veranstaltung hier. Die ARD hat dieser Tage eine Sendung ausgestrahlt mit dem Titel »Wer gab Euch das Recht zu morden? – Die Geschichte der RAF-Opfer«. Sie stützt sich auf das Aufsehen erregende Buch von Anne Siemens: »Für die RAF war er das System, für mich der Vater – die andere Geschichte des deutschen Terrorismus«.[1] Die Zeitungen haben es positiv besprochen. Demnächst wird Ina Beckurts, die Witwe des von der RAF ermordeten Siemens-Managers Karl Heinz Beckurts, auf einer Tagung in Bad Boll »die andere Geschichte des Terrorismus« erzählen. Sie hatte, wie viele andere auch, bisher geschwiegen. Das sind nur einige aktuelle Beispiele, die Liste ließe sich leicht verlängern.

Wenn ich hier von Opfern rede, dann meine ich nicht nur die prominenten Funktionsträger wie Schleyer, Ponto, Buback oder Herrhausen – über die zu berichten kam man gar nicht umhin, nein, ich meine die Opfer aus der zweiten Reihe, die Familienangehörigen, die Verwandten, aber auch jene, die wir bei der Schilderung der Terroranschläge gerne abgetan haben mit dem gleichgültig anmutenden Wort von den »Begleitpersonen«. Das waren die Fahrer, die Polizeibeamten, die Personenschützer. Deren Tod hat die RAF in Kauf genommen nach dem Wort Ulrike Meinhofs: »Wo gehobelt wird, da fallen Späne«. Und auch wir in den Medien haben ihnen kein Gesicht und keine Stimme gegeben, diese Selbstkritik kann ich mir nicht ersparen. Ich werde darauf zurückkommen.

Was aber hat nun den Wandel bewirkt, was dazu geführt, dass wir nun endlich auch die Opfer aus der zweiten Reihe zu Worte kommen lassen, das publizistische Interesse auch auf sie richten? Die Antwort lautet: das hat mit der Individualisierung des RAF-Terrorismus zu tun. Das ist ein zwangsläufiger Prozess der Historisierung. Es gibt ja jetzt eine neue Berufsgruppe im Lande: den Terroristen im Ruhestand. Es ist jetzt 30 Jahre her, dass die Rote-Armee-Fraktion dem Staat einen Krieg aufzwingen wollte und ihn zu reaktivem Handeln zwang. Die politischen Motive der ersten RAF-Generation verloren sich schon in der 28 Jahre währenden Terrorgeschichte und werden bald völlig verschwunden sein. Zu Beginn des Jahres 2009 werden sich für Christian Klar die Gefängnistore öffnen, und er, fast schon ein älterer Herr, wird dann froh sein, in Claus Peymanns Berliner Ensemble eine Praktikantenstelle zu finden. Er ist der letzte namhafte Terrorist, der noch einsitzt, wenn man von Birgit Hogefeld absieht, die der Bundespräsident wohl demnächst begnadigen wird. Zwar gibt es noch eine Reihe unaufgeklärter Morde, aber gleichwohl verliert sich dann das einstmals kollektive Bild von den Tätern im Individuellen und Privaten.

Und auf dieses Private legen sie sogar großen Wert. Unter Verweis auf ihre Persönlichkeitsrechte wollen die Terroristen von einst nicht in der Zeitgeschichte verewigt sein. Ganz auf ihre Privatsphäre bedacht, verbittet sich Brigitte Mohnhaupt über ihren Anwalt, in der Presse weiterhin als Mörderin bezeichnet zu werden. Susanne Albrecht, die den Mördern ihres Patenonkels Jürgen Ponto die Tür öffnete, versucht gerichtlich durchzusetzen, dass keine Fotos mehr in Umlauf kommen, die sie in Zusammenhang mit der RAF bringen. Wir in den Medien müssen inzwischen aufpassen, wen oder was wir abbilden. Selbst der Nachdruck von Fahndungsplakaten, die doch Dokumente der Zeitgeschichte sind, bringt uns mittlerweile ins Visier der Anwälte. Aus den Terroristen von einst sind ehemalige oder Ex-Terroristen geworden, die sich ins Privatleben zurückziehen. Corinna Ponto, die Tochter des erschossenen Bankiers, hat dazu bitter angemerkt: »Wer einmal Opfer wurde, kann nie Ex-Opfer sein.«[2] Tief, als Raub an der Lebensgeschichte, greift die Tat in das Dasein der Opfer ein. Opfer eines Gewaltverbrechens bekommen immer lebenslänglich.

Es ist wohl dieses Wissen, genauer gesagt die Angst davor, die Täter und ihre Taten könnten sich bald in der Geschichte verlieren, was die Opfer dazu bewegt, auf sich aufmerksam zu machen und Fragen zu stellen, bevor auch sie völlig vergessen werden. Es hat ja in den letzten Jahren eine Reihe von Begnadigungen oder Freilassungen auf Bewährung von RAF-Leuten gegeben, ohne dass dies Aufsehen erregt hätte. Für uns in den Zeitungen war das eine kleine Meldung wert, mehr nicht. Erst jetzt, als Brigitte Mohnhaupt und Christian Klar freikommen sollten, schlugen die Wellen hoch. Das hatte nicht allein damit zu tun, dass sie zu den führenden Köpfen der RAF zählten und zu den mit Abstand härtesten Strafen verurteilt wurden, sondern vor allem damit, dass sie sozusagen die letzten Repräsentanten der Terroristen sind, von denen man noch Antworten einfordern kann. Das spitzte sich auf die Frage zu: Durften sie überhaupt begnadigt oder auf Bewährung freigelassen werden, ohne sich zu ihrem Tatanteil zu bekennen oder gar Reue zu zeigen? Sich einfach so aus der RAF-Geschichte zu verabschieden und Privatier zu werden, musste für die Hinterbliebenen der RAF-Opfer unerträglich sein.

Michael Buback brachte die Diskussion darüber mit seiner Frage ins Rollen, wenn Christian Klar schon begnadigt werden solle – wogegen er im Prinzip nichts hatte –, wolle er wenigstens wissen, wer auf seinen Vater, den Generalbundesanwalt, geschossen hatte.[3] Eine verständliche, eine nachvollziehbare Frage. Gleichwohl bin ich sicher, dass wir in den Medien diese Frage von uns aus nie gestellt hätten. Wir hatten uns abgefunden mit den Feststellungen des Stuttgarter Oberlandesgerichts, die Tat sei von einer Gruppe in Mittäterschaft begangen worden. Einer hatte geschossen, das war gewiss, und die Mittäter wurden so behandelt, als hätten auch sie geschossen. Das war juristisch hinnehmbar, aber irgendwie auch unbefriedigend: der Täter konnte sich hinter dem Kollektiv verstecken. Dieses Verhalten ist, wenn man von dem fragwürdigen Peter-Jürgen Boock absieht, übrigens Praxis der RAF-Angehörigen bis heute geblieben. Sie halten an ihrer gleichsam dienenden Funktion im Auftrag eines »Kommandos« oder einer »Fraktion« unverändert fest. In Brigitte Mohnhaupts Weigerung, sich zu entschuldigen, in den jüngsten wirren Äußerungen Klars über die »Niederlage der Pläne des Kapitals« lebt die Anmaßung fort, nicht als Einzelner für seine Tat einstehen zu müssen. Selbst der geringste Anschein von Versöhnlichkeit scheint sich ihnen als Kapitulation darzustellen. Dieses kollektive Bewusstsein, die Weigerung, sich über den individuellen Tatanteil zu äußern, ist gleichsam das letzte Bollwerk der RAF.

Die Medien könnten den Angehörigen der Opfer endlich einen Dienst erweisen, indem sie deren Fragen und Anliegen aufnehmen und entsprechenden Druck ausüben. Es geht dabei nicht um eine Neuvermessung strafrechtlicher Schuld, sondern um Moral. Die Frage Bubacks will das Individuelle hervortreten lassen, hinter dem die Gruppe verblasst. Mit dem Streben nach dem Individuellen verbindet sich ohnehin die Frage nach Gnade und Reue, denn Gnade kann es nur für einen einzelnen Menschen geben, und bereuen kann auch nur der einzelne. Mit der Individualisierung tritt der deutsche Terrorismus in sein letztes Stadium ein. Was einmal politisch gemeint war, verwandelt sich zurück ins Persönliche.

Damit wären wir zurück bei den Anfängen der RAF im Jahr 1970, in dem Ulrike Meinhof das Wort prägte, die Bullen seien Schweine, und im übrigen dürfe geschossen werden. Mit Verwunderung nahmen wir in den Redaktionsstuben zur Kenntnis, dass hier eine Kollegin, eine anerkannte Journalistin, 25 Jahre nach den Gräuelorgien des Dritten Reiches aus politischen Motiven den Weg in die Gewalt propagierte und selber Gewalt ausübte. Nicht wenige Journalisten – und ich schließe mich hier ein – meinten damals, es handle sich hier um eine vorübergehende Verirrung und Meinhof samt ihren Gesinnungsgenossen könnten und müssten von diesem Irrweg abgebracht und ins rechtsstaatlich-demokratische Spektrum zurückgeholt werden. Man wollte nicht sofort den Stab über sie brechen. Darin lag übrigens einer der Gründe, weshalb wir zunächst das Wort »Bande« vermieden und von der Baader-Meinhof-Gruppe schrieben.

Allerdings wussten wir damals nicht, dass Ulrike Meinhof schon seit der Mitte der fünfziger Jahre Mitglied der illegalen kommunis-

Die frühere konkret-Kolumnistin Ulrike Meinhof diskutiert mit Journalisten im Republikanischen Club Hamburg, 1969.

tischen Partei war, dass sie ihre Zeitschrift *konkret* von Ost-Berlin finanzieren ließ und sie von Gudrun Ensslin fasziniert war, die 1968 in Frankfurt zur »Propaganda der Tat« schritt und zusammen mit Andreas Baader Kaufhäuser anzündete. Aus dieser Zeit stammen die ersten Kontakte zwischen diesen beiden gescheiten und gebildeten Frauen, auf die sich denn auch unser Augenmerk stärker als auf Baader richtete. Ihr Bildungshintergrund ließ uns fragen, ob es sich hier möglicherweise um die Politisierung privater Konflikte handele. Unsere Recherchen ergaben, dass sowohl Ensslin als auch Meinhof aus einem streng protestantischen Milieu stammen und dass ihr Schritt in die RAF vielleicht die Folge einer hochgestimmten, ja überspannten Moral sein konnte. Um den Motiven auf die Spur zu kommen, schrieb ich damals einen Artikel über Gudrun Ensslin mit der Überschrift: »Ausbruch aus der schwäbischen Innerlichkeit«. Es kennzeichnet wohl die damals einsetzende öffentliche Erregung, um nicht zu sagen Hysterie, dass man in Bonn diesen Artikel missverstand und mich die CDU/CSU auf ihre Liste der Baader-Meinhof-Sympathisanten setzte. Da stand ich aus alphabetischen Gründen noch vor Heinrich Böll.

Ich schildere das deshalb, um deutlich zu machen, weshalb sich das journalistische Interesse von Anbeginn nicht auf die Opfer, sondern auf die Täter richtete. Das hatte nichts mit Sensationsgier zu tun, wie manchmal gesagt wird. Es geht um die Kategorien Motivation und Verstehen. Der Täter ist der »Störer«, um einen Polizeibegriff zu verwenden, der die Normalität durchbricht. Und zunächst einmal geht es um das staatliche Gewaltmonopol: Eine Gewalttat ist eben immer auch ein Verstoß gegen das Prinzip, dass Gewalt nur vom Staat ausgehen darf, und das auch nur unter gewissen Voraussetzungen. Mit der Strafverfolgung verteidigt der Staat immer auch dieses Monopol. Hinzu kommt, dass wir ein ausgesprochen täterorientiertes Strafrecht haben. Wir können und wollen uns vom Schuldbegriff nicht verabschieden. Das Opfer darf im Strafprozess allenfalls als Nebenkläger in Erscheinung treten.

Ich selbst war von dieser Sicht so geprägt, dass ich mich als Gerichtsreporter, der ich etliche Jahre war, nie mit den Opfern unterhalten habe. Jan Philipp Reemtsma, der selber einmal Opfer einer Entführung war, sagt dazu: »Todesangst und totale Hilflosigkeit sind keine Erlebnisse, über die man mit einem Moderator im Fernsehen plaudern kann. Das Opfer wird hier bloß ausgestellt.«[4] Gleichwohl hat sich in jüngster Zeit auf dem Gebiet des Opferschutzes und der Opferrechte in gesetzlicher Hinsicht einiges getan, so dass der Verfassungsrichter Winfried Hassemer davon sprechen kann, dass das Opfer aus jenem Schatten herausgetreten sei, in dem ein auf den Täter konzentriertes Strafrecht es über Jahrzehnte, ja über Jahrhunderte festgehalten habe. Den Auffassungswandel haben meines Erachtens die Opfer des NS-Systems herbeigeführt, die Überlebenden der Konzentrationslager und der Gestapo-Verliese. Ihre Schilderungen sind wichtig, um zu erfahren, was ein Staat, der selber zum Terroristen geworden ist, den Menschen antun kann. Ich kann der Einschätzung Reemtsmas aber nicht zustimmen, wenn es um politische oder politisch motivierte Verbrechen und deren Opfer geht. Die RAF richtete sich mit ihren Taten sozusagen an die Allgemeinheit, sie wollte damit andere politische und soziale Verhältnisse herbeiführen, und deshalb müssen wir auch über jene reden, die den Preis dafür zu entrichten hatten, die Opfer.

Dass dies in den Medien nicht oder nicht hinreichend geschehen ist, habe ich zu begründen versucht. Es ist nicht als Entschuldigung gemeint, wenn ich in diesem Zusammenhang darauf hinweise, dass die Arbeit in den Medien gewissen Gesetzmäßigkeiten unterliegt, an denen kaum vorbeizukommen ist. Da ist die Zuspitzung der Nachricht, die Konzentration auf wichtige Personen, das Herausstellen des Ereignisses und dessen Verdichtung auf die Schlagzeile. Das mag für gewisse Blätter mit Sensationsmache verbunden sein, es geht aber auch für die seriöseren Medien darum, die Öffentlichkeit auf bedeutsame Ereignisse rasch und gezielt aufmerksam zu machen. Dass dabei die Opfer aus der zweiten Reihe zunächst einmal in den Hintergrund treten, dürfte auf der Hand liegen.

Dafür gibt es noch einen weiteren Grund, nämlich die Wechselbeziehung zwischen den Medien und den Terroristen. Der nichtstaatliche, der Untergrundterrorismus braucht die freien, unzensierten Medien, welche seine Botschaften möglichst flächendeckend verbreiten sollen. Das folgt der Formel: Der Guerillero will den Raum, der Terrorist hingegen das Denken besetzen. Der Terrorist, der gegen einen von ihm selbst definierten Feind vorgeht, bedient sich sowohl der Propaganda der Tat als auch der des Wortes. Die Aktionen sollen eine massenmediale Wirkung erzielen. Die Kommunikation ist ein unerlässlicher Bestandteil der Gewalt, da die kleine Gruppe die große Öffentlichkeit braucht, denn ohne Publizität kann der Terrorist wenig oder nichts bewirken. Deshalb muss die Tat so spektakulär, ungewöhnlich und grausam sein, dass die Öffentlichkeit sie nicht ignorieren kann. Das ist im eigentlichen Sinn mit Propaganda der Tat gemeint. Wirklich neu ist das allerdings nicht. Schon 1884 hat der Terrorismus-Theoretiker Johannes Most festgestellt:»Je höher derjenige steht, der erschossen oder in die Luft gejagt werden soll und je perfekter dieser Versuch ausgeführt wird, um so größer wird der Propagandaeffekt sein.«[5]

Die Tat als solche stellt schon eine Form der Kommunikation dar, die die Aufmerksamkeit größerer Zielgruppen hervorruft. Die Terrorgruppe muss sich in irgend einer Weise zu der Tat bekennen oder anderweitig deutlich machen, dass sie sie verübt hat. Der ehemalige Terrorist Bommi Baumann hat denn auch gesagt, die RAF wollte ihre Revolution nicht über politische Arbeit aufbauen, sondern durch Schlagzeilen. Man wollte harte Reaktionen des Staates provozieren, der dann seine Grenzen überschreiten sollte, um Ulrike Meinhofs Wort zu rechtfertigen:»Wir müssen die faschistische Fratze aus diesem Staat herausbomben.«

Es ging darum, Unterstützer und Sympathisanten zu gewinnen. Zwar betrachtete die RAF die Medien als Teil des von ihnen so genannten Schweinesystems, aber sie wusste sehr wohl, dass diese sich nicht ihrer Informationspflicht entziehen konnten. Das galt in gewisser Weise auch für die gezielt in Gang gesetzten Kampagnen zur Isolationsfolter und für die Hungerstreiks. Damit stilisierten sich die RAF-Gefangenen selbst zu Opfern und lenkten von den eigentlichen Opfern ab. Ich habe in diesem Zusammenhang einmal zu dem Stuttgarter Rechtsanwalt Klaus Croissant gesagt, er sei der

Propagandaminister, der Goebbels der RAF. Er war nicht beleidigt, sondern sogar ein bisschen stolz darauf. Das Bild von Holger Meins, der sich zu Tode gehungert hatte, erschien zunächst in einer französischen Zeitung und ging dann auch durch die deutschen Medien. Als RAF-Mitglieder 1975 die Deutsche Botschaft in Stockholm in die Luft sprengten, wurde dabei Siegfried Hausner schwer verletzt. Nach seiner Überführung in das Stammheimer Gefängnis starb er dort in der intensiv-medizinischen Abteilung an einem Lungenödem. In Hamburg, Berlin und Frankfurt gab es große Demonstrationen mit dem Vorwurf, der Staat habe Hausner ermordet. Christa von Mirbach, die Witwe des ermordeten Botschaftsattachés, regt sich darüber noch heute auf. »Hausners Tod«, so sagt sie, »wurde benützt, um den Mythos von der schlechten Behandlung und den menschenverachtenden Haftbedingungen der inhaftierten RAF-Mitglieder weiterzustricken.«[6] So machte man aus Tätern Opfer.

Haben wir in den Medien damals nicht genau und nicht kritisch genug hingesehen? Klaus Bölling, zur Zeit der Schleyer-Entführung Regierungssprecher in Bonn, bejaht diese Frage. Erst unlängst hat er dazu gesagt: »Es gäbe weltweit nicht so viele blutige Erfolge des Terrorismus — auch im Hinblick auf die islamistische Gewalt von heute – wenn die Terroristen sich nicht so oft und meisterhaft der Medien hätten bedienen können. Die Medien sind instrumentalisiert worden. Gerade von der RAF. Von Anfang an.«[7] Das ist ein schwerer Vorwurf eines ehemaligen Journalisten, den man so pauschal aber nicht gelten lassen kann. Je nach politischer Grundrichtung hatten die Medien, die Gewalt einhellig ablehnten, eine unterschiedliche Einschätzung der politischen Ziele der RAF. Es mag da Sympathien gegeben haben. Als der Philosoph Jean Paul Sartre Andreas Baader in Stammheim besuchte und hinterher berichtete, die Gefangenenzellen, die er gar nicht gesehen hatte, seien menschenunwürdig, da schrieb ich, damit habe sich der berühmte Philosoph um jede Glaubwürdigkeit gebracht. Das wurde mir von einigen Kollegen übel vermerkt.

Helmut Schmidt hat dieser Tage in der *Zeit* gesagt: »Mich verdrießt schon lange die einseitige Beschäftigung mit den Terroristen.«[8]

Mancher erhebt sogar den Vorwurf, die Medien hätten die RAF mystisch überhöht und deren Opfer vergessen. Auch das kann als Pauschalurteil so nicht stehen bleiben. Über den Generalbundesanwalt Buback oder den Bankier Ponto, die ja herausgehobene Funktionsträger waren und nur deshalb Opfer der RAF wurden, berichteten die Medien ausführlich und sachlich. Es gab zwar eine Reihe von Intellektuellen zumal im akademischen Bereich, die sich das Wort von der »klammheimlichen Freude« nach dem Tode Siegfried Bubacks zu eigen machten, aber ich kenne kein ernstzunehmendes Medium, das sich ähnlich geäußert hätte. Ich selbst habe den Generalbundesanwalt als einen netten, umgänglichen Mann kennen gelernt, der weit davon entfernt war, der Scharfmacher zu sein, als den ihn die politische Linke sah. Bei Jürgen Ponto wurden seine Verdienste gerade auch im kulturellen Bereich hervorgehoben. Der Fall Hanns Martin Schleyer liegt hingegen etwas anders. Er war als Vertreter der Arbeitgeberseite eine profilierte Figur, die aus ihren Überzeugungen kein Hehl machte. Damit weckte er nicht nur Sympathien, und auch manche Medien sahen ihn kritisch. Hinzu kam, dass er eine NS-Vergangenheit hatte, die er im Gegensatz zu manchen anderen aber nicht verdrängte. Stark geprägt wurde Schleyers Bild in der Öffentlichkeit vom *Stern*-Artikel »Boss der Bosse«, der 1973 erschien und dann in Sympathisantenkreisen der RAF wohl die Reaktion verstärkte, mit Schleyer habe es den »Richtigen« getroffen. Die *Stern*-Journalisten schilderten Schleyer als einen harten und eiskalten Vertreter von Arbeitgeberinteressen, der 1963 nicht davor zurückschreckte, 300000 streikende Metallarbeiter in Baden-Württemberg auszusperren. Dass sein Gegenspieler, der Gewerkschaftsführer Willi Bleicher, der als Kommunist fünf Jahre im KZ Buchenwald inhaftiert war, von Schleyer ein anderes Bild hatte und ihn als einen verlässlichen, geradlinigen Verhandlungspartner schätzte, unterschlug der *Stern*. Unerwähnt blieb auch, dass Willi Bleicher über Schleyers NS-Vergangenheit sagte: »Ach du lieber Himmel, er war doch damals noch ein ganz junger Kerl.«

Mit so viel Generosität konnte der Arbeitgeberpräsident in den sechziger und siebziger Jahren aber nicht mehr rechnen. Merkwürdig dabei ist, dass Schleyers braune Vergangenheit bei der Suche nach einem geeigneten Opfer für die Freipressung der RAF-Häftlinge entgegen späteren Behauptungen keine entscheidende Rolle spielte. Als sich nämlich herausstellte, dass Susanne Albrecht den Entführern leichten Zugang zu Jürgen Ponto verschaffen konnte, da disponierten sie sofort um. Das ist, wie wir wissen, aber gründlich schiefgegangen. Also konzentrierte man sich auf Schleyer, dessen Entführung aber nur durch Anwendung brutaler Gewalt möglich war und dessen 44 Tage währende Geiselhaft die Bundesrepublik vor eine ihrer schwersten Herausforderungen stellte. Sie kulminierte in der Frage: Kann der Staat es sich leisten, die RAF-Gefangenen freizulassen, um das Leben Schleyers zu retten? War der Staat vom Grundgesetz her nicht verpflichtet, die Geisel unter allen Umständen zu schützen? Das war eine heiß diskutierte Frage, die auch heute aktuell ist, wenn wir an die Geiseln in Afghanistan denken. Helmut Schmidt hatte in der Sache eine klare Auffassung. Er wollte keinen Austausch. Die RAF-Gefangenen, die nach einer Geiselnahme des Berliner CDU-Politikers Peter Lorenz in den Jemen ausgeflogen wurden, kehrten in die Bundesrepublik zurück und mordeten weiter. In einem Leitartikel schrieb ich damals zur Schleyer-Entführung: »Gälte das Grundrecht auf Leben absolut, dann könnten ein paar Leute mit dem Staat alles machen. Das Grundrecht, das er garantieren soll, würde ihn wehrlos machen. Aber ein wehrloser Staat kann keine Grundrechte garantieren. Das Dilemma ist unausweichlich und erreicht geradezu tragische Ausmaße. Zwar unterlässt die Regierung nichts, um das Leben Schleyers doch noch zu retten. Gelingt es ihr aber nicht, muss dieser Staat erstmals eingestehen, dass er das Leben eines Menschen nicht mehr schützen kann.«

Mit diesen Worten hatte ich mich der Auffassung Helmut Schmidts angenähert. Der Sohn Hanns-Eberhard Schleyer, der nichts unversucht ließ, seinen Vater zu retten, arbeitete damals im Stuttgarter Rechtsanwaltsbüro Mailänder. Er bewog Peter Mailänder dazu, einen ausführlichen, gut durchargumentierten Gegenartikel zu schreiben, dem wir in der *Stuttgarter Zeitung* sofort den erforderlichen Platz einräumten. Das Bundesverfassungsgericht gab dann der Regierung in dieser fundamentalen Frage Handlungsfreiheit. Aber ich kann sagen, dass mich der Vorgang heute noch bedrückt und dass ich mir meines Votums von damals nicht mehr so sicher bin. Wobei man allerdings annehmen kann, die Entführer hätten Schleyer so oder so ermordet, denn er wusste zu viel.

Ein anderes Problem, das uns damals stark beschäftigte, bestand darin, wie wir mit den Schleyer-Videos umgehen sollten. Bekanntlich hatte die Bundesregierung eine Art Nachrichtensperre verhängt. Sie wollte verhindern, dass die Terroristen ihre Ziele über die Anheizung der öffentlichen Meinung erreichten. Schon das erste Foto

6000 Menschen gedenken in Stuttgart bei einem Schweigemarsch der Opfer der Schleyer-Entführung.

zeigte den gedemütigten Schleyer in Unterhemd und Trainingsjacke vor dem RAF-Emblem und sollte einen Tag nach der Entführung in der *Tagesschau* gezeigt werden. Das untersagte Helmut Schmidt, weil die Öffentlichkeit einen zutiefst verunsicherten Arbeitgeberpräsidenten nicht sehen sollte. In Frankreich hatte man da keine Hemmungen. Die französische Nachrichtenagentur *AFP* publizierte das Bild schon wenig später, dann folgten der *Spiegel* und die Springer-Presse. Auch wir kamen dann nicht mehr daran vorbei, das Bild zu bringen. Die Terroristen hatten das sofort begriffen und schickten ihre Video-Botschaften zuerst an die französischen Medien. Übrigens erzielten die Bilder nicht den gewünschten Effekt. Statt Sympathie für die RAF entwickelte sich eine Mitleidswelle, und in der rechten wie der linken Presse lösten die Bilder Entsetzen aus. Das war bei dem Foto des im Hungerstreik gestorbenen Holger Meins, das die Anwälte der Presse zugespielt hatten, noch anders gewesen. Das Bild des ausgemergelten Körpers rief in der Sympathisanten-Szene sofort KZ-Assoziationen wach. Das RAF-Mitglied Hans-Joachim Klein trug nach eigenen Angaben immer ein solches Foto bei sich, um, wie er 1978 gegenüber der französischen Zeitung *Libération* sagte, »den Hass nicht abflauen zu lassen.«

Abgesehen von der Notwendigkeit der Diskussion über den Vorrang der Staatsraison gegenüber einem Menschenleben bedrückt mich auch die Tatsache, dass wir in den Medien die Opfer in der zweiten Reihe, die Begleitpersonen Bubacks und Schleyers, vernachlässigt haben. Auch fragten weder Staat noch Presse nach, wie es den Witwen Waltrude Schleyer oder Inge Buback erging, oder Hergard Rohwedder, der Witwe des Treuhandchefs. Die RAF hatte versucht, auch sie noch zu erschießen. Als sie zu ihrem sterbenden Mann eilte, verletzte sie der Schütze der RAF am linken Arm. Elisabeth Göbel war 27 Jahre alt, als die RAF sie zur Witwe machte. Ihr Mann war Fahrer von Generalbundesanwalt Buback. Sie blieb mit ihren drei Kindern allein, und das vierte war unterwegs. Polizeiobermeister Herbert Schoner wurde 1971 von der RAF erschossen. Die Witwe Inge Schoner musste die beiden Kinder allein aufziehen.

RAF-Opfer in der Berichterstattung

Am 18. Oktober 1977 kehren Mitglieder der GSG 9 und die befreiten Geiseln der Lufthansa-Maschine »Landshut« zurück.

Bei der Entführung Schleyers starben im Kugelhagel die Personenschützer Reinhold Brändle, der einen zwölfjährigen Sohn hinterließ, Roland Pieler und Helmut Ulmer, beides junge Polizeibeamte, die das Leben noch vor sich hatten. Ich habe nach einer Antwort geforscht, ob und wie die Hinterbliebenen versorgt wurden. Immerhin fand ich dazu einen kleinen Artikel aus unserer Zeitung. Für die Angehörigen der Kölner Opfer wurde ein Spendenkonto eingerichtet, auf das zahlreiche kleinere Spenden eingingen. Der Staat stellte hingegen die Familien von im Dienst ermordeten Beamten keineswegs so, dass sie auf diese Hilfe von Spenden hätten ganz verzichten können. Die Eltern der jungen Beamten Pieler und Ulmer erhielten eine einmalige Entschädigung von 10 000 DM, der Sohn von Reinhold Brändle eine Abfindung von 20 000 DM. Verletzte Beamte bekamen Sonderurlaub oder eine Kur. Schmerzensgeld gab es nicht.

Die befreite Geisel Gabi Dillmann mit ihrem Freund bei der Trauerfeier für den ermordeten »Landshut«-Piloten Jürgen Schumann.

In der Öffentlichkeit war das aber, wie gesagt, kein großes Thema. Annemarie Eckhardt, die Witwe des erschossenen Polizeihauptkommissars Hans Eckhardt, hat dieser Tage in einem Fernsehfilm gesagt: »Die RAF hat nicht nur ein, sondern zwei Leben beendet. Auch mein Leben wäre ganz anders verlaufen, wenn sie meinen Mann nicht erschossen hätten.« Und sie fügte hinzu: »Mein Mann ist fast vergessen. Ich will aber nicht, dass man ihn ganz vergisst.«[9] In diesem ganz den Opfern gewidmeten Film wird deutlich, welche Anstrengungen die Leidtragenden unternehmen müssen, um darzustellen, dass ihnen oder ihren Angehörigen die Gewalt ohne jeden Grund angetan wurde: weil sie Sympathie für die Studentenbewegung hatten, weil sie keine Nazis waren, weil sie sich immer schon für die Not in der Dritten Welt eingesetzt hatten. So erklären sich die Angehörigen von Gerold von Braunmühl, von Hanns Martin Schleyer sowie der

Opfer des Attentats von Stockholm, die Familien Hillegaart und von Mirbach. Leider kommt in dem Film die Tochter Corinna Ponto nicht vor, die in dem Buch von Anne Siemens erhellende Aussagen veröffentlichen ließ. Ihr Vertrauen in die aufklärerische Kraft der Öffentlichkeit scheint geschwunden zu sein.

Jede Familie hat offenbar, und zwar weitgehend ohne äußere Hilfe, einen eigenen Weg gefunden, mit dem Verlust umzugehen. Das gilt auch für die Insassen der Lufthansa-Maschine »Landshut«, die besonderem psychischen Stress ausgesetzt waren, etwa der Copilot Jürgen Vietor oder die einstige Stewardess Gabriele Dillmann.

Beeindruckend ist auch die Position der Tochter von Eckhard Groppler, dem Fahrer des Siemens-Vorstandes Karl Heinz Beckurts. Ihre Trauer hindert sie nicht daran, dem Rechtsstaat zu vertrauen. Es hat 25 Jahre gedauert, bis sich das öffentlich-rechtliche Fernsehen des Opfer-Themas in einer Weise annahm, die mit Heinrich Breloers Doku-Drama »Todesspiel« eine andere Perspektive eröffnete.

Gleichwohl, es gibt derzeit Ausstellungen und Theaterveranstaltungen zum eher feuilletonistisch wahrgenommenen Phänomen RAF. Aber warum dreht niemand einen Film über Heinz Marcisz, den Chauffeur Schleyers, oder über die drei Personenschützer, deren Leben jäh beendet wurde? Das wäre der Stoff, aus dem sich große Tragik herauslesen ließe.

Täter – Opfer – Versöhnung

Horst-Eberhard Richter

Zunächst möchte ich an zwei kurz skizzierten Familienbiographien erläutern, wie im inneren Widerstand gegen den Nazistaat traumatisierte Väter ihre Töchter unbewusst für eine RAF Karriere präpariert haben und wie sich daraus eine Opfer-Täter-Opferkette entwickelt hat. Anschließend möchte ich anhand von zwei anderen Beispielen verfolgen, wie das Erleiden mörderischer Gewalt Angehörige entweder zur Fortsetzung von Hassbindungen oder umgekehrt zu einer Versöhnungsbereitschaft führen kann. Danach versuche ich zu zeigen, dass Versöhnungsbereitschaft nicht heißt, Verurteilung und Bestrafung grausamer Verbrechen in Zweifel zu ziehen. Aber sie verlangt, nach Anerkennung unserer gesellschaftlichen Mitverantwortung für die verheerende Verirrung ursprünglich sensibler junger Menschen in den RAF-Terrorismus zu fragen. Rückfälle in furchtbare, die gesamte Gesellschaft aufwühlende Entgleisungen sind nur zu verhüten, wenn sie als Stück gemeinsamer Geschichte erkannt und verarbeitet und nicht als unverständliche Heimsuchungen ausgegrenzt werden. Verstehen heißt nicht billigen oder verharmlosen. Verharmlosung findet heute täglich auf ganz andere Weise statt, nämlich durch die schamlose Reinszenierung des RAF-Terrorismus in den Medien als spannende Film- oder TV-Thriller mit Originalmördern in Hauptrollen. Das reale Schreckliche wird zum unterhaltsamen oberflächlichen Aktionsstück, das Unmenschliche zum faszinierenden Nervenkitzel.

Ich beginne meinen Rückblick auf der psychischen Innenseite des Geschehens und zwar als Psychoanalytiker mit einem Blick weit zurück in die psychologische Vorgeschichte des Deutschen Herbstes. Als ich ab Anfang der fünfziger Jahre in Berlin eine Beratungs- und Forschungsstelle für seelische Störungen im Kinder- und

Jugendalter leitete, hatte ich es vorwiegend mit Kindern zu tun, in deren Neurosen und Verhaltensschwierigkeiten sich Traumen und Konflikte wiederspiegelten, die ihre Eltern aus Hitlerzeit und Krieg mitgebracht hatten. Die Eltern trugen mit sich schweigend nicht nur die vielfältigen Leiden durch Verluste, Vertreibungen und Bombenangst, sondern plagten sich obendrein mit Selbstzweifeln, Scham- und Schuldgefühlen. Sie sprachen nicht spontan darüber, erst wenn ich sie als Psychoanalytiker zum Reden ermutigte. Aber vieles, was sie verschwiegen, tauchte in den Kindern als Verhaltensstörungen, Ängste und psychosomatische Störungen auf. Die Kinder waren mit heimlichen Erwartungen der Eltern überlastet. Sie sollten diese von Depressionen und Selbsthass befreien, persönliches Scheitern wettmachen, Partnerverluste kompensieren, usw. So entstand mein Konzept der psychoanalytischen Familientherapie.

Dann wuchsen die Kinder heran. Die ihnen von den Eltern übertragenen Konflikte schlugen sich nicht mehr nur in psychopathologischen Störungen nieder, sondern in tieferen Identitätskrisen, oft verbunden mit einem fundamentalen Aufbegehren. In der Studentengeneration wollten viele verstehen, woher ihre Schwierigkeiten mit sich selbst rührten. Sie stürzten sich auf Texte der Psychoanalytiker der zwanziger Jahre wie Fromm, Reich, Bernfeld oder auch auf mein Buch »Eltern, Kind und Neurose«,[1] das plötzlich Riesenauflagen erlebte und massenhaft raubgedruckt wurde. Es war der Flügel der Achtundsechzigergeneration, der nicht in das blinde Anti der Rebellion verfiel, sondern der innere Heilung mit einer konstruktiven Befreiung von gesellschaftlicher Repression verbinden wollte. Emanzipation wurde das Schlagwort schlechthin. Emanzipation der Frauen, der Kinder, der psychisch Kranken, der sozial Schwachen, der Obdachlosen und Gestrandeten. Liberalere Erziehung, Reform der Psychiatrie, Erkämpfung von mehr Mitbestimmung in den Institutionen, Sozialtherapie von Gefangenen waren nur einige der bis heute nachwirkenden Reformen, in denen sich das bloße antiautoritäre Anti zu einem konstruktiven Pro weiter entwickelte. In dieser Bewegung kam eine ähnliche Erweckungsstimmung auf, wie wir sie neuerdings bei der Gründung von *attac* und der globalisierungskritischen Bewegung mit dem Motto »Eine andere Welt ist möglich!« erleben.

Auch künftige RAF-Aktivisten schwammen zunächst im Strom dieser sozialen Bewegung mit. Sie beteiligten sich eine Weile an Stadtteilarbeit in den Armenvierteln der Städte, arbeiteten mit Flüchtlingskindern und gestrandeten Jugendlichen. Aber bald erschienen manchen diese Reformansätze zu vordergründig, sogar kontraproduktiv. Stattdessen saugten sie Kampfparolen wie jene von Hans Magnus Enzensberger im *Spiegel* 1967 auf, in der es hieß: »Das politische System der Bundesrepublik ist jenseits aller Reparatur.« »Es ist die Staatsmacht selbst, die dafür sorgt, dass die Revolution nicht nur notwendig (das wäre sie schon 1945 gewesen), sondern auch denkbar wird.«[2]

Die Presse des Springer-Konzerns wird 1968 in Stuttgart von Ostermarschierern für den Mord an Benno Ohnesorg verantwortlich gemacht.

Natürlich dachten Enzensberger und manche gleichgesinnte Intellektuelle nicht daran, terroristische Morde gutzuheißen. Aber das Stichwort Revolution wirkte wie ein Sturmsignal. Es wurde zu einem kategorischen Imperativ: Kampf statt Reformismus! Entschlossenheit gegen Halbherzigkeit, Befreiung statt Anpassung! Übrigens erklärte Otto Schily in einer öffentlichen Rede noch 1981: »Es ist offensichtlich, dass unsere heutige Sicherheitspolitik auf der Bereitschaft zum Verbrechen beruht. Deshalb soll man sich über die Verirrung mancher politischer Gruppierungen, die gemeinhin als Terroristen bezeichnet werden, nicht so sehr wundern, denn dieser Kleinterrorismus, wie ich ihn nenne, ist nur die Spiegelung des Großterrorismus, der die Militärdoktrin der Supermächte bestimmt.« So wörtlich der spätere Innenminister der Bundesrepublik noch vier Jahre nach dem Deutschen Herbst. RAF als Kleinterrorismus, man denke!

Um 1970 selbst in verschiedenen reformistischen Basisprojekten initiativ, kostete es mich viel Zeit und Mühe, manche Ungeduldige vom Abdriften in die militante Szene abzuhalten, in der ihnen der Absturz genau in die Inhumanität drohte, von der sie die Gesellschaft befreien wollten. Heute ist die Paradoxie kaum noch verständlich zu machen, wie verstiegener moralischer Idealismus sich ausgerechnet an der Heilsidee des revolutionären Kampfes festmachen konnte, während die zahlreichen enthusiastischen Reformprojekte der Verurteilung als systemstabilisierend verfielen.

Lassen Sie mich nun aber kurz anhand der Familienbiographien von zwei in die RAF abgestürzten Frauen nachzeichnen, wie damals eine Täter-Motivation aus einer traumatisierenden Eltern-Kind-Beziehung entstehen konnte und wie sich das Makrogesellschaftliche der Politik in der Mikrogesellschaft der Familie widerspiegelt, wie Totalitarismus und Krieg zerstörerisch in generationsübergreifenden Prozessen weiterwirken und von hier aus neues Unheil stiften.

Es geht um Gudrun Ensslin und Birgit Hogefeld, also zwei Schlüsselfiguren in verschiedenen Phasen der RAF-Geschichte. Beide werden religiös erzogen. Gudrun Ensslin wächst in einem evangelischen Pfarrhaus auf und leitet bald die Bibelarbeit im Mädchenwerk. Birgit

Wie hier in Konstanz demonstrieren Menschen an zahlreichen Orten gegen den Vietnam-Krieg der USA.

Hogefeld betet regelmäßig kniend vor ihrem katholischen Zimmeraltar, spielt an den Wochenenden Orgel in der Kirche. Eine Zeitlang schwebt ihr vor, Orgelbauerin zu werden. Vater Enßlin, regimekritischer evangelischer Pfarrer in der Bekennenden Kirche, gerät in Schwierigkeiten mit den Nazis, entzieht sich diesen aber schließlich durch Meldung als Kriegsfreiwilliger. Vater Hogefeld, sechs Jahre Soldat, lange an der Ostfront, kehrt mit erfrorenen Füßen tief verbittert, aber als heimlicher Freund der Russen zurück, die er vor der kleinen Birgit gegen die deutsche Hasspropaganda im Kalten Krieg verteidigt. Er verrät nicht, was er erlebt hat, nur, dass er sich dem Kommunismus verbunden fühlt. Aber zum offenen kommunistischen Engagement fehlt ihm der Mut. Welcher Hass in ihm gärt, kommt zum Vorschein, als er die Ermordung des Bundesanwalts Buback heimlich feiert.

Zwei Väter also in Gegnerschaft zur Staatsmacht, aber vor offener Konfrontation zurückschreckend. Zwei Töchter, von denen die frustrierte väterliche Wut wie eine Botschaft aufgesaugt wird. Jede hat ein aufstachelndes Erweckungserlebnis. Für Gudrun wird der erschossene Demonstrant Benno Ohnesorg, für Birgit der im Hungerstreik gestorbene Holger Meins zum wegweisenden Märtyrer. »Sie wollen uns alle töten«, ruft Gudrun Ensslin beim Anblick des toten Benno Ohnesorg aus. Birgit Hogefeld baut, von Mitschülerinnen unterstützt, nach den erkundeten Maßen mit Tüchern die Gefängniszelle von Holger Meins nach, um sich vollständig in seine Qual hineinversetzen zu können. Mitfühlende Verzweiflung schlägt dann bei beiden jungen Frauen in mörderischen Hass um. Das Töten der RAF wird zur Erlösungsmission. Es ist das klassische Muster der paranoischen Verschmelzung von phantasiertem und schließlich real provoziertem Verfolgtwerden und Rachehass auf die Verfolger, als welche die Spitzen des »Machtapparates« ausgemacht werden.

Wie reagieren die Väter? Vater Ensslin lobt seine Tochter nach ihrer Kaufhaus-Brandstiftung: Das seien junge Menschen, die nicht gewillt seien, dass die Hoffnungen auf einen Neuanfang nach Konzentrationslagern, Judenhass und Völkermord verschlissen würden. »Für mich ist es erstaunlich gewesen, dass Gudrun, die immer sehr rational und klug überlegt hat, fast den Zustand einer euphorischen Selbstverwirklichung erlebte, einer ganz heiligen Selbstverwirklichung, so wie geredet wird von heiligem Menschentum.«[3]

Birgit Hogefeld erfährt im Untergrund, dass ihr Vater zu ihren ausgehängten Steckbriefen hingeht und sich dort vor Betrachtern stolz brüstet: »Das ist meine Tochter!« So bestätigen beide Väter ihre Töchter in der Rolle des substituierten eigenen Ich-Ideals, wie in »Eltern, Kind und Neurose« lehrbuchmäßig beschrieben. In der Phantasie, die von den Vätern vermiedene Rebellion auszuleben, verfallen Gudrun und Birgit paranoisch exakt der Barbarei, die sie aus der Welt schaffen wollten.

Stierlin, Conzen und Wirth haben diese unheilvolle Verflechtung der Generationen im Falle Ensslin belegt. Birgit Hogefelds Vaterverstrickung habe ich selbst während einer zehnjährigen anfangs regelmäßigen, inzwischen nur noch sporadischen Betreuung mit ihr zusammen herausgefunden. In der Opfer-Täter-Opferkette erkennt man also zunächst die Väter als Opfer in unterdrückter Antinazi-Opposition, die ihre Töchter wiederum zu Opfern machen. Die Töchter verirren sich in der Rolle als Vollstreckerinnen der unterdrückten väterlichen Rebellion, erliegen dabei dem mörderischen Verfolgungswahn der RAF und deren psychotischem Realitätsverlust. Beispiel für den Realitätsverlust: Die Ermordung des Bankiers Herrhausen, just als dieser im Streit mit seiner Bank ganz im Sinne der Intentionen der RAF die Entschuldung Mexikos fordert.

Nach ihrem Ausbruch aus dem Gefängnis tauchen Gudrun Ensslin und Andreas Baader 1969 in Paris unter.

Es mag so aussehen, als hätte ich mich bisher vorwiegend mit Täter-Aspekten beschäftigt. Doch in meiner Hogefeld-Geschichte ist auch die andere Seite enthalten. Nämlich mein Versuch, als Sohn brutal ermordeter Eltern durch Versöhnungsarbeit den Glauben an die Überwindbarkeit des Bösen zu verteidigen. Bei meiner Rückkehr aus der Kriegsgefangenschaft 1946 hatte ich erfahren, dass meine Eltern vor einem halben Jahr auf einem Spaziergang von zwei Russen erstochen worden waren, als meine Mutter sich gewehrt und mein 71-jähriger Vater ihr beizustehen versucht hatte. Die Mörder waren verschollen. Keine Chance also für eine Genugtuung durch Ahndung des Verbrechens. Übrig blieb nur, mich gegen die Verinnerlichung des erfahrenen mörderischen Hasses zu wehren und meine Überzeugung festzuhalten, dass die Welt friedlicher gemacht werden kann. Es hat für mich aber zwei Jahre bis zum Erreichen dieses Standpunktes gedauert. Geholfen hat mir eine philosophische Doktorarbeit über Schmerz und Leiden, aus der ich eine Einsicht gewann, die zum Titel eines meiner Bücher geworden ist, nämlich: »Wer nicht leiden will, muss hassen«.[4] Ich wollte etwas zur Minderung der Gewaltbereitschaft in der Gesellschaft tun. Dazu bot sich für mich außer der intensiven Mitarbeit in der Friedensbewegung später die Gelegenheit an, eine RAF-Täterin in der Rückkehr zur Friedfertigkeit zu unterstützen. Damit ist das Böse nicht aus der Welt. Aber man kann für sich selbst die franziskanische Wahrheit bezeugen, dass scheinbar hoffnungslos dem Bösen Verfallene zur Friedfertigkeit zurückfinden oder zurückgebracht werden können. Bei Franziskus heißt es: »Denn viele scheinen uns Glieder des Teufels zu sein, die später einmal Jünger Christi sein werden.« Mir steht immer wieder die Legende vor Augen, nach der Franziskus die Bürger der Stadt Gubbio mit einem Terroristen in der Gestalt eines wilden Wolfs versöhnte. Er lehrte die Bürger, dass sie dem Terroristen Grund für seine Empörung gegeben und damit seine Verbrechen mitverschuldet hätten. Das sahen sie ein, verzichteten auf den Vollzug der Todesstrafe. Der Terrorist wiederum verwandelte sich in einen friedlichen Mitbürger zurück. Dazu möchte ich anmerken, dass ich mich als Betreuer von Birgit Hogefeld nicht als franziskanischer

Wohltäter gefühlt habe oder fühle. Ich denke oft an ihren Vater, den sie unbewusst erlösen wollte. Der war fast gleichaltrig mit mir. Vielleicht hat er neben mir 1942 auf Russen geschossen, die als Menschen nicht unsere Feinde waren. Er mochte die Russen, und auch ich musste, wenn ich getötete Russen liegen sah, immer wieder an eine überaus liebenswürdige Familie denken, bei der ich 100 km vor Moskau in Winterruhestellung mehrmals genächtigt hatte. Auch ich fühlte mich erniedrigt, mit mir uneins. Dass es nicht zu einem so tiefen inneren Bruch wie bei Vater Hogefeld gekommen ist, war ein Glück für mich. Aber mir ist die Verantwortung meiner Generation für die Ermöglichung solcher Familienschicksale wie etwa für die Vater-Tochter-Geschichte Hogefeld sehr klar geworden.

Birgit Hogefeld auf einem undatierten Fahndungsfoto.

Den meisten Angehörigen von RAF-Mordopfern kann der Staat dadurch beistehen, dass er die Täter ermittelt, verhaftet, aburteilt und gesetzmäßig bestraft. Er beweist damit die Intaktheit der Rechtsordnung und verhütet, dass die Trauerarbeit des Leidens zusätzlich durch Zweifel an der Verlässlichkeit des Rechtsstaates gestört wird.

Genau dies aber ist, wie es kürzlich die Journalistin Sabine Rückert eindrucksvoll in der *Zeit* erläutert hat, der Witwe des ersten Todesopfers der RAF passiert. Vor 35 Jahren hat das RAF-Mitglied Gerhard Müller ihren Mann, den Polizisten Norbert Schmidt, erschossen. Müller wird ein Jahr später in Begleitung von Ulrike Meinhof gefasst und verurteilt, aber nicht für den einwandfrei belegten Mord, sondern für weniger erhebliche Straftaten. Das Gericht lässt den Mordvorwurf fallen, nachdem sich Müller als Kronzeuge angeboten hat. Nach acht Jahren entlässt man ihn, mit neuer Identität ausgestattet, in die Freiheit. Die Witwe Sigrun Schmidt kann es nicht fassen. Der Staat im Bunde mit dem Mörder, so scheint es ihr. Auf den Staat greift ihre Erbitterung über: »Der Hass zerfrisst mich, er höhlt mein Leben aus!« klagt sie. Dem Bundespräsidenten schreibt sie, dass er keineswegs die »Bestie Klar« begnadigen dürfe. So spaltet ihr Hass sie im Innern und spaltet ihre Welt.

Ihr Fall steht am einen Ende der langen Reihe der individuell variierenden Reaktionen der Hinterbliebenen von Mordopfern der RAF. Am extrem anderen Ende findet man die Familie von Braunmühl mit dem berühmten Brief der Brüder an die RAF und vor allem mit einer Rede des Bruders Carlchristian, die dieser vor Psychiatern und Psychotherapeuten 1994 in Aachen, acht Jahre nach der Ermordung von Bruder Gerold gehalten hat.[5] Er bekundet seinen fortdauernden Schrecken und Abscheu vor dem totalitären Denken und Verhalten der RAF. Aber er fragt nun nach den Ursachen und gesteht: »Die Richtung dieser Frage ist unbequem, denn sie führt auf einen selbst und auf diese Gesellschaft, aus der heraus die RAF entstanden ist.« Es ist die gleiche Frage, die schon Max Frisch in dem denkwürdigen Jahr 1977 auf einem Parteitag der SPD gestellt hatte. Bei ihm hieß es: »Wie unschuldig oder wie schuldig sind wir, ist unsere Gesellschaft an der Wiederkunft des Terrorismus?«[6] Wiederkunft? Das war ein Fingerzeig auf die jüngste Geschichte. Aber auch Frisch hatte schnell hinzugefügt, dass seine unbequeme Frage natürlich keine Sympathiebekundung für die Terroristen bedeute.

Nun ist es aber sogar der Bruder eines RAF-Opfers, der in vollem Ernst wagt, in den Motiven der vermeintlichen Bestien nach einem Verschulden auf der eigenen Seite zu suchen. Braunmühl fühlt sich in diesem Suchen von dem bedeutenden Soziologen Norbert Elias bestärkt, der in seinem Essay »Zivilisation und Gewalt«[7] festgestellt hatte, dass die meisten aus der ersten RAF-Generation aufrichtig vom Gefühl beherrscht gewesen seien, in einer höchst aggressiven und ungerechten Gesellschaft zu leben und dass sie durch die Erinnerung an die jüngste deutsche Vergangenheit besonders sensibilisiert worden seien. Braunmühl wirbt dafür, in den Spiegel zu sehen und gelangt dabei am Ende zu der provokativen Diagnose: »Vielleicht ist es so, dass wenige schießen, weil zu wenige sich gewaltlos einmischen und zu viele sich darauf beschränken, die Politik ein schmutziges Geschäft zu nennen, sich auf ihre Ellbogen konzentrieren – und weil es an Graswurzeln fehlt.«

Braunmühl war sich sicher, auf diese Weise nicht etwa seinem ermordeten Bruder in den Rücken zu fallen. Vielmehr ging es ihm darum, das seinerzeit in Staat und Gesellschaft gewachsene Verlangen aufzunehmen, den Teufelskreis der wechselseitigen Eskalation zu durchbrechen, der darin bestanden hatte, dass die Unmenschlichkeit der Terroristen sich in dem Maße gesteigert zu haben schien, in dem der Staat überreagierend zugeschlagen hatte. Braunmühls Ziel war, einen Prozess der Versöhnung zu fördern. Damit lag er auf der Linie des damaligen Entspannungsprozesses, mit dem die Kapitulation der RAF einherging. 1996 ließ er seinen Vortrag in einem Sammelband mit dem Titel »Versuche, die Geschichte der RAF zu verstehen« abdrucken. 1998 hat die RAF ihre Selbstauflösung bekannt gegeben.

Ich habe Carlchristian, den Bruder und die Witwe des ermordeten Gerold von Baunmühl persönlich kennen gelernt und mich beiden sehr verbunden gefühlt. Von der eigenen Erfahrung her ist mir vertraut, dass und wie aus dem Leiden des Trauerns die Sehnsucht hervorgehen kann, in sich selbst und um sich herum für Friedfertigkeit zu wirken, damit das erfahrene destruktive Anti durch ein Pro zu überwinden. Mir kommt dabei immer wieder Carl Friedrich von Weizsäcker in den Sinn, der »Friedlosigkeit als seelische Krankheit« beschrieb.[8] Wohlgemerkt ein Physiker und Philosoph und kein Therapeut. Er erläuterte, wie Frieden mit sich selbst und Frieden um sich herum wachsen zu lassen miteinander zusammenhängen. Also kann man erfahrener Gewalt zur eigenen Gesundung und gleichzeitig zur Humanisierung des Umfeldes aktiv entgegentreten. Innere Klärung und gesellschaftliches Engagement gehen dann Hand in Hand. Das meint wohl auch Carlchristian Braunmühl mit dem Hinweis auf die Graswurzeln.

Aber in der aktuellen RAF-Debatte taucht dieser Aspekt kaum mehr auf. Vielmehr erscheint es der Mehrheit inzwischen wie ein Gebot, das RAF-Phänomen aus der Gesellschaft wie einen unverständlichen Seuchenherd historisch auszugrenzen und von seinen psychosozialen und politischen Wurzeln abzutrennen, die Frisch, Elias, Braunmühl sichtbar gemacht haben. Unordnung erkennt man nur noch in Pannen der Polizei und der Justiz. Warum laufen noch Ex-Terroristen unentdeckt frei herum? Warum hat die Justiz manche für Morde verurteilt, die sie gar nicht begangen haben? Aber die Debatte hat eine unheimliche Unruhe zu Tage gefördert, die nicht allein durch solche Pannen zu erklären ist.[9]

Die Behandlung des Falles Christian Klar wühlte die ganze Nation auf. Nie zuvor erlebte der Bundespräsident einen ähnlichen Erwartungsdruck wie im Falle seiner Entscheidung über Christian Klar. Er musste sich sogar den vagen Verdacht gefallen lassen, durch die ihm angedrohte Verweigerung seiner Wiederwahl beeinflusst worden zu sein. Jedenfalls verrät die emotionalisierte Mediendiskussion, dass die Gesellschaft mit dem Phänomen RAF noch lange nicht fertig ist. Sie kann es so lange nicht in ihre Geschichte integrieren, als sie seinen Zusammenhang mit der Nazischuld – siehe die Beispiele Ensslin und Hogefeld – weiterhin verleugnet. Es mangelt an Versöhnlichkeit, wie sie Carlchristian von Braunmühl gewünscht hat und wie auch ich sie für dringend geboten halte. Ein ermutigendes

Beispiel hat seinerzeit CDU-Ministerpräsident Bernhard Vogel geliefert, der den zu lebenslanger Haft verurteilten Klaus Jünschke begnadigt hat, übrigens mit Zustimmung von Hanns-Eberhard Schleyer, Sohn des ermordeten Vaters. Der Sohn war seinerzeit Chef der Staatskanzlei unter Vogel. Dass Bundespräsident Köhler die ihm mehrfach nahegelegte Begnadigung für Birgit Hogefeld verweigert hat, obwohl diese längst die gleiche Wandlung wie Jünschke durchgemacht hat, halte ich für bedauerlich und für das Versäumen einer fälligen Versöhnungsgeste. Stattdessen erleben wir das Schauspiel der filmischen Erinnerungsvermarktung mit Hilfe eines Haupttäters vom Deutschen Herbst als »Experten«.

Grotesk erscheint dieser Tage auch eine andere eklatante Missachtung der Gefühle vom Terrorismus Betroffener. Es klingt wie eine Satire, wenn soeben der ehemalige Superterrorist Moamar al Gaddhafi für westfreundliches Wohlverhalten nicht nur Gnade erntet, sondern von Frankreich gleich mit einem ganzen Kernkraftwerk und mit Waffen im Wert von 300 Millionen belohnt wird. Die grauenhaften Anschläge auf die Berliner Discothek »La Belle« 1986 und auf den PanAm Jumbo über Lockerbie, die Gaddhafi zugeschrieben werden, scheinen vergessen, obwohl deren Opferzahlen diejenigen der von der RAF hervorgerufenen um ein Vielfaches übertreffen. Bei den westlichen Freunden Frankreichs war nicht mehr als ein leises Murren zu vernehmen. Die internationale und die deutsche Öffentlichkeit rührten sich kaum. Solche Schamlosigkeit droht alle Bemühungen um eine humanistische Aufarbeitung terroristischer Verbrechen als unverbindliche Läuterungsrituale zu diskreditieren. Aber zum Wesen unserer viel beschworenen Werteordnung gehört ihre Unteilbarkeit.

Gnade und Recht

Michael Buback

Obwohl es nicht leicht ist, über die Geschehnisse zu sprechen, die unsere Familie und die Familien der beiden ermordeten Begleiter meines Vaters Wolfgang Göbel und Georg Wurster schwer getroffen haben, bin ich gern nach Stuttgart gekommen. Wir haben uns mit dem Schicksalsschlag abgefunden, was für mich, der ich im Beruf stets stark ausgelastet war, natürlich viel leichter war als etwa für meine Mutter, die seit mehr als 30 Jahren ohne ihren Mann lebt. Wir haben die schwere Situation auch in dem Bewusstsein ertragen, dass mein Vater gern Generalbundesanwalt war. Er war stolz darauf, ohne Parteizugehörigkeit und ohne Netzwerk in dieses hohe Amt gelangt zu sein, und wir waren sehr stolz auf ihn. Die Zeit unmittelbar nach der Ermordung war natürlich besonders schwierig, zumal wir nicht nur den Verlust eines von uns sehr geliebten Menschen hinnehmen, sondern auch einige unerwartete, zusätzliche Belastungen ertragen mussten.

Dass uns 30 Jahre nach der Tat Informationen zum Mord an meinem Vater erreichen würden, die uns ratlos und fassungslos machen, war nicht vorauszusehen. Ich werde noch auf diese Erkenntnisse eingehen, die manche von Ihnen kaum werden glauben können. Für all diejenigen habe ich volles Verständnis, da wir, meine Frau und ich, uns in den vergangenen Wochen und Monaten oft selbst gefragt haben, ob wir träumen, genauer gesagt, ob wir einen Albtraum erleben.

Aber der Reihe nach: Meine Frau und ich erfuhren beim Skifahren in der Schweiz vom Tod meines Vaters. Wir hörten die Nachricht zigmal bei der Rückfahrt im Auto. Sie war gleichsam in unser Bewusstsein eingemeißelt, als wir bei meiner Mutter eintrafen.

Die Anteilnahme der Karlsruher Bevölkerung und überhaupt in Deutschland war eindrucksvoll und hat uns sehr geholfen.

Wir erlebten eine bedrückende Diskussion über Personenschutz und Sicherheit, die nicht von uns ausging. Es verletzte uns, von den für die Gewährleistung der Sicherheit Verantwortlichen zu hören, der Getötete habe Schutzmaßnahmen nicht im angebotenen Umfang angenommen. Die vom damaligen Stuttgarter Innenminister Karl Schiess verbreitete Behauptung war grob irreführend im Hinblick auf eine Person in der höchsten Gefährdungsstufe, in der mein Vater war. Für solche Personen sind die Schutzmaßnahmen von Spezialisten zu treffen und, wie in der Polizeidienstvorschrift festgelegt, ist ein Zurückweisen des angeordneten Schutzes gar nicht zulässig. Der getötete Generalbundesanwalt wurde entgegen der Rechtslage quasi für seinen eigenen Tod mit zur Verantwortung gezogen. Das war dann doch zu viel. Am Ende des Gesprächs, das meine Mutter und ich mit dem Minister führten, sagte er kleinlaut: »Was sollte ich denn machen? Ich musste der Presse doch irgendetwas sagen.«

Auch gab es den schlimmen Mescalero-Artikel. Nach dem uns schwer belastenden Mord mussten wir uns damit befassen, da nur Angehörige Strafantrag wegen der Verunglimpfung des Andenkens Verstorbener stellen können. Es war so hart, im Mescalero-Nachruf lesen zu müssen, dass es eigentlich schade sei, die »Bubacksche Killervisage« nun nicht mehr in das schwarz-rote Verbrecheralbum der meist gesuchten und meist gehassten Vertreter der alten Welt aufnehmen zu können, um sie nach der Revolution zur öffentlichen Vernehmung vorzuführen. Weiterhin mussten wir den Freispruch einer größeren Zahl von Professoren und Rechtsanwälten schlucken, die den Artikel verbreitet hatten, und als besonders verletzende Beigabe eine Passage aus Rosa Luxemburgs Schriften angefügt hatten, die von einem Moskauer Generalgouverneur handelte, der ermordet wurde und auf der Straße lag, äußerlich ähnlich wie es bei meinem Vater war. Darin hieß es: »Es atmet sich förmlich leichter, die Luft scheint reiner, nachdem eine der abstoßendsten und beleidigendsten Bestien des absolutistischen Regimes ein so schnödes Ende gefunden hat und wie ein toller Hund auf dem Straßenpflaster

NACHDRUCK DES BUBACK-ARTIKELS

Die Streikversammlung der Phil-Fak druckt den Artikel "Buback - ein Nachruf" als Dokument nach.

Die Diskussionen der vergangenen Tage haben gezeigt, daß viele Studenten den Artikel nicht kennen, bzw. nur jene Passagen, die in der bürgerlichen Presse sinnentstellend zitiert werden.

Wir meinen, daß die Verteidigung des politischen Mandats und des uneingeschränkten Publikationsrechts in den Organen der verfaßten Studentenschaft uns nicht dazu verleiten sollte, eine inhaltliche Auseinandersetzung mit dem Artikel zu unterlassen. Diese Auseinandersetzung sollte u.E. auch in den Organen der verfaßten Studnetenschaft, d.h. der gn öffentlich geführt werden.

Deshalb soll auch eine gn speziell zu diesem Thema erscheinen, in der möglichst viele Basisgruppen, Fachschaftsräte, politische Gruppen und Individuen ihre Positionen veröffentlichen sollten.

Wir werden in den nächsten Tagen auch Diskussionen zu diesem Thema im VG führen. Achtet bitte auf entsprechende Anschläge!!!

Buback †   *EIN NACHRUF*

Dies soll nicht unbedingt eine Einschätzung sein oder ein kommentierender Verriss vom Schreibtisch aus, mit päpstlichen Gestus vorgetragen und als "solidarische Kritik" bezeichnet. Ausgewogenheit, stringente Argumentation, Dialektik und Widerspruch - das ist mir alles piep-egal. Mir ist bei dieser Buback-Geschichte einiges aufgestoßen, diese Rülpser sollen zu Papier gebracht werden, vielleicht tragen sie ein bißchen zu einer öffentlichen Kontroverse bei.

Meine unmittelbare Reaktion, meine "Betroffenheit" nach dem Abschuß von Buback ist schnell geschildert; ich konnte und wollte (und will) eine klammheimliche Freude nicht verhehlen. Ich habe diesen Typ oft hetzen hören, ich weiß, was er bei der Verfolgung, Kriminalisierung, Folterung von Linken für eine herausragende Rolle spielte. Wer sich in den letzten Tagen nur einmal genau genug sein Konterfei angesehen hat, der kann erkennen, welche Züge dieser Rechtsstaat trägt, den er in so hervorragender Weise verkörperte. Und der kennt dann auch schon ein paar Züge von den Gesichtern jener aufrechten Demokraten, die jetzt wie ein Mann empört und betroffen aufschreien.

Ehrlich, ich bedaure es ein wenig, daß wir dieses Gesicht nun nicht mehr in das kleine rotschwarze Verbrecheralbum aufnehmen können, das wir nach der Revolution herausgeben werden, um der meistgesuchten und meistgehaßten Vertreter der alten Welt habhaft zu werden und sie zu öffentlichen Vernehmungen vorzuführen. Ihm nun nicht mehr - enfant perdu ...

Aber das ist ja nun nicht alles gewesen, was in meinem und im Kopf vieler anderer nach diesem Ding herumspukte. So eine richtige Freude, wie etwa bei der Himmelfahrt von Carrero Blanco konnte einfach nicht aufkommen. Nicht daß ich mich von der wirklich gut inszenierten 'öffentlichen' Empörung und Hysterie kirre machen ließ; dieses Spektakel scheint ja wirklich von Mal zu

Mal besser zu funktionieren und das irgendwo im Konzert dieser politischen Bunuchen, die von der Herstellung der 'öffentlichen Meinung' leben (gut leben), sich eine einzige 'kritische' Stimme erheben würde, daran glaubt wohl von uns keiner mehr.

Aber deswegen ist mir dieser hermetisch wirkende Block gleichgeschalteter Medien, offizieller Verlautbarungen und Kommentare doch nicht so

In der AStA-Zeitschrift Göttinger Nachrichten erklärt ein mit »Mescalero« unterzeichneter Beitrag die »klammheimliche Freude« über das Attentat. Das Pamphlet wird mehrfach nachgedruckt.

verendet ist.« Es ist schon erstaunlich, dass man solche Sätze mit einem Nachruf auf meinen Vater verbinden darf.

Das öffentliche Interesse am Karlsruher Mord ließ dann nach, was gut zu verstehen ist, zumal es ja auch noch die anderen grauenhaften RAF-Verbrechen im Jahr 1977 gab. Die Erinnerung an meinen Vater und seine beiden treuen und tapferen Begleiter wurde aber in der Bundesanwaltschaft wach gehalten. Für dieses Zeichen der Verbundenheit waren wir sehr dankbar.

Um die Verfahren gegen die Terroristen kümmerten wir uns nicht. Wir haben auch nie daran gedacht, etwa als Nebenkläger aufzutreten. Damit wollten wir uns auch schützen. Über 30 Jahre gab es für uns nie einen Zweifel an der bestmöglichen Aufklärung der Tat. Die Elite der deutschen Ermittler hatte sich unter Verantwortung der Bundesanwaltschaft mit dem Mord an einem der Ihren intensiv befasst. Für uns war es selbstverständlich, dass alles Menschenmögliche geschehen war, um die Täter ausfindig zu machen und ihrer gerechten Bestrafung zuzuführen. So war es für uns eine Gewissheit, dass die drei uns stets genannten Täter, Günter Sonnenberg, Christian Klar und Knut Folkerts, die Personen waren, von denen zwei die unmittelbare Tat von einem Motorrad aus begingen und der Dritte im Fluchtauto wartete.

Wir wussten zu Beginn des Jahres 2007 nichts von der anstehenden Entscheidung zur Haftentlassung von Brigitte Mohnhaupt, auch nichts vom Gnadengesuch von Christian Klar, das beim Bundespräsidenten zur Entscheidung lag. Die Generalbundesanwältin hatte diese Vorgänge nicht erwähnt, als sie im November 2006 zu einem mehrstündigen Besuch bei uns in Göttingen war. So überraschte mich die Frage eines Redakteurs der *Süddeutschen Zeitung*, ob ich nicht Stellung zu den Gesuchen nehmen wolle. Durch ihn erfuhr ich erstmals von den Vorgängen. In meinem Beitrag »Fremde ferne Mörder« schrieb ich gleich zu Beginn: »Es ist gut und richtig, dass Angehörige der Opfer an Entscheidungen über die Begnadigung von Mördern nicht beteiligt sind.«[1] So gilt das auch für mich. Ich habe dann noch den recht allgemeinen Standpunkt geäußert: »Die individuelle Begnadigung setzt für mich voraus, dass auch der individuelle Tatbeitrag bekannt ist.« Daraus wurde abgeleitet, ich sei gegen eine Begnadigung. Diese Vergröberung hat mich dann veranlasst, nachdem ich andere, aber ungewisse Informationen erhalten hatte, aus Gründen der Fairness mitzuteilen, dass Klar an der eigentlichen Tat, die mich als Angehörigen primär und fast ausschließlich interessiert, der Ermordung am Linkenheimer Tor in Karlsruhe, angeblich nicht beteiligt gewesen sei.[2] Dies deuteten einige als Gnadeninitiative für Klar, was natürlich ebenso falsch ist wie die vorangegangene Deutung. Es ist schade, dass man meinen zweiten Beitrag in der *Süddeutschen Zeitung* nicht sorgfältiger gelesen hatte. Dabei vermerkte ich am Ende sogar: »Dieser Text ist der schwierigste, den ich je geschrieben habe.« Meine Überlegung, ob Klar wirklich länger als Frau Mohnhaupt einsitzen müsse, die schon mein Vater als besonders gefährlich eingestuft hatte, war ja nun wirklich keine Gnadeninitiative.

Es hat mich verblüfft, dass man meine Anmerkungen zur Gnadendiskussion zu instrumentalisieren versuchte und man meinen Äußerungen zu dem Vorgang, bei dem ausschließlich der Bundespräsident zu entscheiden hat, überhaupt Gewicht beimaß. Mein Anliegen richtete sich ohnehin auf eine andere Frage: Ich wollte wissen, wer am Gründonnerstag 1977 in Karlsruhe Mörder meines Vaters und seiner beiden Begleiter war. Es war für uns, ich kann da nur für die Familie Buback sprechen, kaum erträglich, dass eine unser Leben außerordentlich beeinflussende, furchtbare Tat pauschal von einer Gruppe übernommen wurde. Ich äußerte öffentlich den Wunsch, Näheres über die Tatbeteiligten zu erfahren, ohne allerdings damit Hoffnungen auf eine Antwort zu verbinden. Als sich daraufhin Peter-Jürgen Boock telefonisch an mich wandte, konnte ich den Hörer nicht einfach auflegen. Es waren mehrere, teils sehr lange Gespräche, die eher einem verbalen Ringen glichen, wobei ich versuchte viele Informationen zu erhalten, und Boock vor dem Problem stand, den Namen eines Tatverdächtigen preisgeben zu müssen, der für den Karlsruher Mord noch nicht angeklagt war und somit im Falle eines Verfahrens in dieser Sache wegen Mordes verurteilt werden könnte, da ja Mord nicht mehr verjährt.

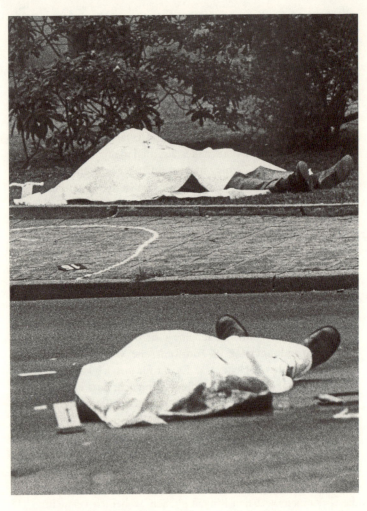

Siegfried Buback (hinten) und Wolfgang Göbel werden am 7. April 1977 in Karlsruhe ermordet. Georg Wurster erliegt sechs Tage später seinen Verletzungen.

Boock erklärte, dass weder Klar noch Folkerts bei dem Karlsruher Anschlag als Täter auf dem Motorrad beteiligt gewesen seien. Er begründete das auch. Somit bliebe von den drei stets genannten Tätern nur Sonnenberg als Mitglied der Motorrad-Besatzung übrig. Ein Täter auf dem Motorrad fehlte, nachdem zuvor die Wahl zwischen zwei weiteren Personen bestanden hatte. Boock nannte mir als neuen Namen Stefan Wisniewski. Dieser und Sonnenberg hätten die Tat vom Motorrad aus begangen. So sei es im Sommer 1976 im Jemen festgelegt worden. Im Laufe der Gespräche im April 2007 sagte Boock, es gebe bei diesen zwei Personen für ihn keinen Zweifel, dass Sonnenberg der Lenker des Motorrads und Wisniewski der Schütze gewesen seien. Bei aller Aufregung, aber auch Beruhigung über diese wichtige Information wollte ich natürlich weitere und unabhängige Bestätigung für diese Auskünfte. Schließlich wusste Boock zwar von der ursprünglichen Auswahl der Motorrad-Besatzung, konnte aber nicht mit Sicherheit sagen, ob das danach unabhängig agierende Kommando die Tat auch mit den vorgesehenen Personen ausgeführt hat.

Meine Frau hatte viele Zeitungsausschnitte aufbewahrt, wobei wir bislang nie die Zeit gefunden hatten, sie im Zusammenhang sorgfältig und kritisch zu lesen. Dies änderte sich jetzt! Sie werden unser Erstaunen verstehen, als wir nun in der *Welt* vom 9. April 1977, also der Ausgabe direkt nach der Ermordung, lasen, dass die Karlsruher Polizei nach der Vernehmung eines jugoslawischen Augenzeugen, dessen Auto bei der Tat unmittelbar neben dem Dienstwagen meines Vaters stand, noch am Tattag mitteilte, die Person auf dem Sozius könnte eine Frau gewesen sein. Diese Information findet sich unmittelbar nach der Tat in mehreren Zeitungen. Auch in der *Tagesschau* vom 7. April 1977 wurde berichtet, dass es sich bei der Person auf dem Soziussitz möglicherweise um eine Frau gehandelt habe. Wir hatten nie etwas davon gehört, dass in einem der beiden Prozesse zu den Karlsruher Morden die Frage erörtert worden war, ob eine Frau die Täterin war. Uns waren nur Männer genannt worden. Von denen war aber keiner so zierlich, dass es nahe liegend war, ihn mit einer Frau zu verwechseln. Dennoch meinten wir, dass alles in Ordnung sei.

Der jugoslawische Zeuge konnte sich vielleicht nur schwer verständlich äußern. Ich war hierbei gutgläubiger als meine Frau. Sie sagte, wenn angesichts einer solchen Tat ein Zeuge meine, es könne eine Frau geschossen haben, so müsse man dem unbedingt nachgehen, da es doch eine unerwartete Feststellung sei und man eher annehmen würde, dass Männer eine solche Gewalttat verüben. Uns fiel dann noch auf, dass sich die Aussage des Zeugen, die unmittelbar nach der Tat und gegenüber der Karlsruher Polizei zunächst deutlich erschien, in den folgenden Tagen veränderte. Der Hinweis auf eine weibliche Täterschaft wurde vage. Übrigens waren bereits am Tag nach den Morden in der *Tagesschau*, und danach umfassend in der Presse, Klar, Sonnenberg und Folkerts als Tatverdächtige präsentiert worden.

Am Abend nach meiner Rückkehr vom Bundespräsidenten, also am 18. April 2007, fand ich eine Email vor, in der mich ein 44-jähriger Mann auf eine Zeugenaussage hinwies, die seine Familie den Ermittlungsbehörden vor über 30 Jahren gemacht hatte. Er teilte mir mit, seine Familie habe meinen Vater gekannt und schrieb: »Der Zufall wollte es, dass einen Tag vor dem Attentat auf Ihren Vater, unsere Familie vor dem Bundesverfassungsgericht kurz mit dem Auto halten wollte, ich öffnete die Tür zur Straße und habe beinahe das Motorrad mit beiden Terroristen, was ich natürlich zu dem Zeitpunkt nicht wusste, zu Fall gebracht. Das Motorrad kam ins Schleudern und brauste davon. Am nächsten Tag hörten wir im Radio vom Attentat und der Beschreibung. Wir riefen bei der Polizei an, ich gab mein Erlebnis zu Protokoll und konnte auch beide Personen und das Motorrad gut beschreiben.« Noch jetzt ist dem Zeugen deutlich in Erinnerung, dass die Person auf dem Soziussitz eine eher zierliche, zwischen 1,60 m und 1,70 m große Person gewesen sei, ein »Hüpferle«, wie er sagte. Er sei überzeugt, dass es eine Frau war. Nun ist es nicht zwingend, dass dieselben Personen an beiden Tagen auf dem zur Tat benutzten Motorrad saßen, aber es ist doch recht naheliegend, zumal die Person auf dem Soziussitz eine solche Tasche vor sich hatte, wie sie auch am Folgetag zum Transport der Tatwaffe eingesetzt wurde.

Wir waren elektrisiert. Es ist sehr wahrscheinlich, dass die Terroristen bereits am 6. April meinem Vater auflauerten, denn wir wussten aus den Gerichtsakten, dass das Fluchtauto bereits am Tag vor der Tat an dem Treffpunkt außerhalb von Karlsruhe gewartet hatte. Wir lasen im Urteil des Oberlandesgerichts Stuttgart gegen Mohnhaupt und Klar – allerdings bezogen auf andere Personen –, dass der Senat die Möglichkeit ausschloss, dass am Tattag kurzfristig andere Bandenmitglieder als Attentäter eingesprungen seien. Ein zweites Mal konnten wir den Hinweis auf eine Frau als Tatbeteiligte nicht wegdiskutieren.

Zeitungsausschnitte erinnerten uns daran, dass einen Monat nach der Tat, am 3. Mai 1977, eine zierliche Frau, die 1,64 m große Verena Becker, und Günter Sonnenberg bei ihrer Verhaftung in Singen die Waffe bei sich trugen, mit der mein Vater und seine beiden Begleiter erschossen worden waren. Verena Becker wusste, wie im Urteil zu ihrem Verfahren wegen versuchten Mordes an den Singener Polizeibeamten ausgeführt wird, dass sie die Karlsruher Tatwaffe bei sich hatte. Sie und Sonnenberg wollten die Waffe ins Ausland bringen, um, wie es im Urteil heißt, eine Tatspur nicht ans Licht kommen zu lassen und damit zu verdecken, wer Generalbundesanwalt Buback und seine zwei Begleiter getötet hatte. Für mich ist unerfindlich, weshalb nicht allein dieser im Urteil zum Mordversuch an den Singener Polizisten dokumentierte Sachverhalt ausreichte, um Verena Becker wegen Mittäterschaft an den Karlsruher Morden anzuklagen. Erstaunt lasen wir im Urteil gegen Verena Becker weiter, dass die Bundesanwaltschaft am 25. Juni 1977 eine alle Verbrechen und Vergehen erfassende Verfahrenseinstellung verfügte, mit Ausnahme der in der Anklageschrift zum Singener Verbrechen aufgeführten Taten.

Wir lasen weitere erstaunliche Dinge. In der Anklage des Generalbundesanwalts gegen Knut Folkerts wird 1979 ausgeführt, dass sich in der zum Transport der Tatwaffe genutzten Tasche ein Haar befand, das gleichartig war mit dem in einem rotgrundigen Motorradhelm, den die Täter am Gründonnerstag 1977 zurückgelassen hatten. Es wird dort weiter berichtet, dass diese beiden Haare mit Haaren übereinstimmen, die sich an Kleidungsstücken in einem von Essen nach Zürich aufgegebenen Koffer befanden, wobei Verena Becker den zugehörigen Gepäckschein bei ihrer Festnahme in Singen besaß. Man erfährt so aus der Anklageschrift, dass die Ermittler damals, vor der Einführung von DNA-Methoden, bereits in der Lage waren, die gleiche Herkunft von an unterschiedlichen Orten gefundenen Haaren zu beurteilen. Die Frage drängt sich auf, weshalb diese Fähigkeit nicht zur Klärung genutzt wurde, ob die sich untereinander gleichenden Haare mit denen eines der Tatverdächtigen übereinstimmen. Diese Frage ist von besonderem Interesse für das ab 1983 gegen Mohnhaupt und Klar geführte Verfahren. Zu diesem Zeitpunkt waren viele Verdächtige bereits gefasst, darunter Sonnenberg, Klar, Folkerts, aber auch Wisniewski und Verena Becker. Es müsste doch sehr leicht gewesen sein, von ihnen Haare für einen Vergleich zu erhalten. So muss gefragt werden, warum Ergebnisse dieser so nahe liegenden Analyse fehlen und warum sich in der Anklageschrift des Generalbundesanwalts gegen Mohnhaupt und Klar vom März 1983 bei der Beschreibung des Inhalts der zum Transport der Tatwaffe benutzten Tasche gar kein Hinweis mehr auf Haarspuren findet. Überhaupt fällt auf, dass die auf die Tatbeteiligung von Verena Becker hinweisenden Fakten im Laufe der Zeit in den Hintergrund traten oder ganz verschwanden.

Nach meinem zweiten Artikel in der *Süddeutschen Zeitung* vom 18. April 2007 ging es dramatisch weiter. Am Wochenende nach meinem Besuch beim Bundespräsidenten gab es einen großen Bericht im *Spiegel*. Der Beitrag, beruhend auf Aussagen des schon lange mit dem *Spiegel* in Kontakt stehenden Boock, präsentierte Wisniewski als Schützen.[3] Nach all seinen Vorarbeiten musste das Magazin nach meinem Artikel reagieren. Niemand, auch nicht die Justiz, hatte wohl damit gerechnet, dass ein Gespräch wie das zwischen Boock und mir zustande kommen würde. Möglich wurde dies auch nur aufgrund der ganz besonderen Konstellation. Ich hatte eine Frage gestellt, und Boock reagierte entsprechend seiner

Gnade und Recht 73

früheren Ankündigung, Angehörigen Fragen zu beantworten. Unser Kontakt wurde für ihn dadurch erleichtert, dass ich nicht Teil der Justiz bin. Ich konnte mit einem früheren RAF-Terroristen sprechen, da ich davon ausgehen konnte, dass er keinen aktiven Beitrag zu den Karlsruher Morden geleistet hatte.

Die für uns dramatische Information im *Spiegel* betraf Angaben eines ehemaligen Mitarbeiters des Bundesamtes für Verfassungsschutz, der sich durch meine eindringliche Suche nach dem dreifachen Karlsruher Mörder zu Auskünften durchgerungen hatte. Er berichtete über die sehr ausführliche Aussage von Verena Becker gegenüber dem Bundesamt im Jahr 1981. Darin hatte sie sich zur Ermordung meines Vaters und seiner Begleiter geäußert und Stefan Wisniewski als Schützen offenbart. Diese Information sei, so berichtete der *Spiegel*, 1982 an die Bundesanwaltschaft gegangen. Zunächst konnten wir das gar nicht glauben, aber inzwischen haben mir der jetzige Bundesinnenminister schriftlich und der damalige Bundesinnenminister mündlich bestätigt, dass die Protokolle der ausführlichen Befragung von Verena Becker zeitnah, vollständig und schriftlich dem Generalbundesanwalt übergeben wurden. Diese Tatsache ist in vielerlei Weise sehr bedeutsam.

Hier stelle ich mir folgende Fragen: Wie kann es sein, dass der Generalbundesanwalt den Namen eines Täters erfährt und nichts Erkennbares unternimmt, um gegen einen der Ermordung seines Vorgängers im Amt dringend Verdächtigen zu ermitteln und ihn anzuklagen? War der Generalbundesanwalt nicht nach dem Legalitätsprinzip hierzu verpflichtet? Nun nimmt man 25 Jahre später Ermittlungen auf, die wesentlich schwieriger als damals zu führen sind. Ich will hier nicht über die Gründe spekulieren, weshalb der Generalbundesanwalt nicht tätig wurde. Es sollte doch aus den Akten der Bundesanwaltschaft ersichtlich sein, ob es Auflagen des Bundesamtes für Verfassungsschutz gab. Wenn dies der Fall ist, müsste unbedingt geklärt werden, welcher Mitarbeiter es dort verantwortet, dass ein der Ermordung des Generalbundesanwalts und seiner Begleiter dringend Verdächtiger nicht strafrechtlich verfolgt werden soll. Der damalige Minister sagte mir jetzt, er wisse nichts von einer solchen Auflage, und es habe sie nicht gegeben. Kann es sein, dass ein Sachbearbeiter solche Auflagen eigenverantwortlich erteilt, wird ein Abteilungsleiter informiert, wer kontrolliert da überhaupt?

Untersucht werden muss auch eine andere Möglichkeit: Die Ermittler hatten sich unerwartet schnell auf Klar, Sonnenberg und Folkerts als unmittelbar Tatbeteiligte festgelegt. Nachdem die Bundesanwaltschaft zunächst Folkerts als Schützen angeklagt hatte, wobei der Senat dieser genauen Zuordnung eines Tatbeitrags nicht folgte, ging die Bundesanwaltschaft in der Folgezeit davon aus, dass man die drei richtigen Täter habe, nur kenne man ihren Tatbeitrag nicht genau. So gilt für jeden von ihnen, dass er entweder Lenker des Motorrads, Schütze auf dem Motorrad oder im Fluchtauto wartende Person war. Angesichts dieser Unklarheit kann man sich vorstellen, wie heikel die Situation für die Ermittler wird, wenn man von einer vierten Person erfährt, die an der Tatausführung unmittelbar beteiligt gewesen sei. Man muss dann ja Klar oder Sonnenberg oder Folkerts aus dem Kreis der unmittelbar Beteiligten herausnehmen. Ein schwieriges Unterfangen.

Eine zweite Frage lautet: Wie muss man sich die anschließende Aufklärungsarbeit zu den Karlsruher Morden vorstellen, die, wie es uns kürzlich geschildert wurde, in all den Jahren weitergeführt wurde? Wenn man gegen einen dringend Tatverdächtigen, gegen Wisnewski, nichts unternimmt, ist doch jede andere Ermittlungstätigkeit in dieser Sache angesichts einer solchen Untätigkeit sinnlos und kaum zu rechtfertigen. Besonders gravierend ist der Umstand, dass nur der Leitung der Bundesanwaltschaft 1982 die Information über einen weiteren dringlich Tatverdächtigen vorlag. Sie wurde im kleinen Kreis gehalten und nicht in die zwischen 1983 und 1985 am Oberlandesgericht Stuttgart stattfindende Verhandlung gegen Mohnhaupt und Klar eingeführt, in der ja unter anderem über die Karlsruher Morde geurteilt wurde. Im Urteil findet sich kein Hinweis auf eine mögliche Täterschaft Wisniewskis bei der Ermordung meines Vaters und seiner Begleiter. Dies bedeutet, dass der Generalbundesanwalt den fünf Richtern am Oberlandesgericht Stuttgart eine für das Verfahren sehr wichtige Information vorenthalten hat. Es hat weiterhin zur Folge, dass dieser Hinweis auch nicht im Revisionsverfahren bekannt war und er somit auch den hier damit befassten fünf Bundesrichtern unbekannt blieb. Ich kann diesen Sachverhalt nicht juristisch bewerten. Jedoch erachte ich die Tatsache als sehr bedenklich, dass es damals in der kleinen Behörde Bundesanwaltschaft im Hinblick auf die bedeutsame Aussage von Verena Becker wissende und unwissende Staatsanwälte und Bundesanwälte gab. Als besonders bedrückend empfinde ich es, dass man hierbei die Unwissenden in die Verhandlung nach Stuttgart schickte.

Ein weniger wichtiger, für uns als Angehörige aber bedeutsamer Punkt betrifft den Umstand, dass der Generalbundesanwalt bereits 1982 einen Tätername aus einer vom Bundesamt für Verfassungsschutz sehr sorgfältig überprüften Quelle kannte. Wie oft waren wir, vor allem meine Mutter, dem Generalbundesanwalt und Bundesanwälten begegnet. Nie wurde uns etwas gesagt, nichts angedeutet. Es gab von ihnen keinen Hinweis darauf, dass Wisniewski geschossen habe. Es ist bitter und verletzend für die Angehörigen, nicht einmal vertraulich auf einen für sie so wichtigen Sachverhalt hingewiesen zu werden. Wenn es nicht zum Gerichtsverfahren kommt, erfahren sie so nie von dem Verdacht.

Es ergab sich für uns nun der sehr verwirrende, aber nicht mehr zu bezweifelnde Sachverhalt, dass Verena Becker dringend verdächtig ist, Mittäterin beim Mord an meinem Vater und seinen beiden Begleitern gewesen zu sein – so stand es übrigens auch im Haftbeschluss des Ermittlungsrichters des BGH vom 10. Mai 1977 gegen Verena Becker – und dass sie außerdem Kontaktperson des Geheimdienstes war. Dies sind die Fakten. Unklar ist nur die zeitliche Verknüpfung. Man muss deshalb klären, seit wann der Kontakt zwischen Verena Becker und den »Diensten« bestand. Laut einer vom SWR gefundenen und veröffentlichten Stasi-Akte liegen zuverlässige Informationen vor, wonach Frau Becker seit 1972 von westdeutschen Abwehrorganen wegen der Zugehörigkeit zu terroristischen Gruppierungen bearbeitet bzw. unter Kontrolle gehalten wurde. Wenn dies so war, dann ergeben sich Fragen von enormer

Reichweite. So wäre es sehr wichtig, aus den Aussagen von Verena Becker den Beginn ihres Geheimdienstkontakts zu erfahren. Doch fühlt man sich wie in einem schlechten Film, wenn man dann von der Generalbundesanwältin hört, dass hierzu keine Unterlagen in ihrer Behörde auffindbar seien.[4] Man darf nun wohl eine rasche Wiederbeschaffung dieser Unterlagen erwarten. Sie können doch nicht auch im Bundesamt für Verfassungsschutz und im Bundeskriminalamt verschwunden sein. Die Bundesanwaltschaft benötigt die Akten ja ohnehin für die jetzt aufgenommenen Ermittlungen gegen Wisniewski.

Meine Frau und ich gewannen innerhalb weniger Tage den Eindruck, dass auch Verena Becker dringend tatverdächtig ist. Dies schrieb ich der Generalbundesanwältin am 22. April 2007, also vor mehr als fünf Monaten. Ich verwies auf die Aussage des Zeugen, der die Motorradbesatzung gesehen hatte und der meinte, dass auf dem Rücksitz eine Frau saß. Auch erinnerte ich sie an den Hinweis auf eine Haarspur von Verena Becker in einem der Motorradhelme, den die Täter vom Gründonnerstag nahe Karlsruhe versteckten. Schließlich schrieb ich ihr, dass es doch auch hätte untersucht werden müssen, welchem Tatverdächtigen der Helm mit dem Verena Becker zugeordneten Haar überhaupt passen würde, und fügte an, dass die äußerst verwirrenden, mit dem Verfassungsschutz verbundenen neuen Nachrichten in meinen Augen Verena Becker eher be- als entlasten. Ich habe auf dieses Schreiben keine Antwort erhalten.

Bereits gegen Ende April 2007 wurde uns klar, dass die Aufarbeitung des Mordes an meinem Vater und seinen beiden Begleitern nicht nur eine Auseinandersetzung zwischen RAF-Tätern und der Bundesanwaltschaft ist, sondern dass wohl auch Geheimdienste oder Nachrichtendienste dabei eine Rolle spielen. Das Beispiel der Aussage des jugoslawischen Tatzeugen zeigt die Diskrepanz zwischen den Ermittlungsresultaten der Karlsruher Polizei und der später am Tattag in Karlsruhe eingetroffenen Mitarbeiter der Dienste, also vor allem des Bundeskriminalamts. Aufgrund der unerklärlichen Versäumnisse standen wir vor der Frage, ob sich unter enormem Zeit- und Erfolgsdruck Fehler bei der Ermittlung eingeschlichen haben.

Dagegen sprach allerdings die hohe Qualifikation der Ermittler, es war ja die Creme der Kriminalisten am Werke.

Als alternative Erklärung für die Unzulänglichkeiten bei den Ermittlungen ergab sich fast zwangsläufig, dass es eventuell eine Deckung für die Täter, also beispielsweise für Verena Becker, gegeben hat. Auch dies wollte uns aber nicht einleuchten, da wir uns dafür keinen Grund vorstellen konnten. Wir sind in diesem Punkt allerdings inzwischen etwas nachdenklicher geworden, nachdem wir von den Kontakten zwischen Verena Becker und dem Bundesamt für Verfassungsschutz sowie den Hinweisen in den erwähnten Stasi-Akten erfahren haben. In Bezug auf die Hintergründe waren wir ratlos. Auch in dieser Situation halfen uns die gesammelten Zeitungsausschnitte. Wir fanden dort ein Interview meines Vaters als Generalbundesanwalt, in dem er sich zu Schwierigkeiten seiner Arbeit äußerte: »Mit Routine ist heute bei unseren Ermittlungen nur noch wenig anzufangen. Man muss sehr viel Phantasie einsetzen. Und oft sind es gerade die scheinbar abwegigsten Ideen, die den Staatsanwalt zum Erfolg führen.« Dies bestärkte uns darin, auch die Wege nicht aus dem Auge zu verlieren, die wir zunächst als absurd abgetan hatten.

An der Deckung eines oder mehrerer Tatverdächtiger beunruhigt ja damals wie heute besonders, dass sie, wenn es sie gab, bereits unmittelbar nach den Morden wirkte. So könnten die Ämter möglicherweise davon überrascht gewesen sein, dass eine Kontaktperson des Geheimdienstes den Generalbundesanwalt erschossen hat, was natürlich äußerst unangenehm ist und was man wohl lieber verbergen würde. Noch schlimmer wäre es aber, wenn die Deckung des Täters schon vorbereitet werden konnte, da man von der Tat bereits vor deren Ausführung wusste.

Ich will nicht spekulieren. So halte ich mich an Fakten und an das, was in den Ermittlungs- und Prozessakten steht. Die Aussage von Verena Becker ist mir bislang nicht zugänglich. So habe ich die Bundesanwaltschaft darum gebeten, mir die Aussagen der beiden Augenzeugen zuzuschicken, die die Personen auf dem Motorrad aus nächster Nähe am Tattag und am Vortag gesehen haben. Mein besonderes Interesse richtete sich auf die Angabe des »Augenzeugen vom Vortag«, von der ich bislang in den Prozessakten nichts gelesen habe. Nach meiner Zeugenaussage Ende April in Zusammenhang mit den Äußerungen von Peter-Jürgen Boock las mir der mich vernehmende Bundesanwalt aus den Akten vor, dass der »Zeuge vom Vortag«, der für mich so wichtig war, sich nicht habe an den Vorfall mit dem Motorrad erinnern können, da sein Augenmerk ausschließlich auf meinen Vater gerichtet gewesen sei. Dies stand im völligen Gegensatz zu der sehr detaillierten Personenbeschreibung, die ich jetzt, 2007, von demselben Zeugen erhalten hatte und die auf eine zierliche Frau hinwies. Der Vater des Zeugen, der bei dem Vorfall mit im Auto saß, erinnerte sich sogar noch daran, dass der Lenker des Motorrads ein deutlich größerer Mann mit Bart gewesen sei. Ich war also sehr gespannt auf die zugehörige Spurenakte der Bundesanwaltschaft. Darin wird zu den Personen auf dem Motorrad aber lediglich mitgeteilt, dass sie Lederbekleidung und grüne Sturzhelme trugen. Weiter heißt es: »Im übrigen trifft die im Fernsehen abgegebene Personenbeschreibung recht genau auf die Motorradfahrer zu.« Eine weitere Beschreibung der beiden Personen findet sich nicht, was sehr verwunderlich ist. Wie hat man sich die Personen vorzustellen? Zu all dem gab es erstaunlicherweise keine Nachfrage des die Aussage aufnehmenden Beamten. Noch verwunderlicher ist, dass in den folgenden Tagen kein Beamter die Zeugen aufsuchte, um nähere Angaben zur telefonischen Aussage einzuholen oder um zumindest die Zeugenaussage unterschreiben zu lassen.

Erst am 12. Mai 1977, übrigens eine Woche nach der Festnahme von Verena Becker und Günter Sonnenberg, meldeten sich die Ermittler wieder und besuchten den Zeugen zu einer ergänzenden Befragung. Dieser bestätigte dabei seine vorherigen Angaben, allerdings mit einer Ausnahme: Lediglich der letzte Satz des ersten Absatzes (im Vermerk vom 8. April 1977) treffe in der niedergelegten Form nicht zu. Dies ist der Satz: »Im Übrigen trifft die im Fernsehen abgegebene Personenbeschreibung recht genau auf die Motorradfahrer zu.« Aufgrund der außergewöhnlich kurzen Beobachtungszeit sei er nicht in der Lage gewesen, die Motorradbenutzer genauer

Gnade und Recht

zu beobachten. Dennoch machte er trotz der kurzen Beobachtungszeit detaillierte Angaben zu zwei Aufklebern auf dem Motorrad. Diese belegen, dass es sich um das Tatfahrzeug handelte.

Die Zeugenaussagen liefern in der niedergelegten Form zum wesentlichen Punkt, der Kennzeichnung der Personen auf dem Motorrad, keine nützliche Information. Der Hinweis in der ersten Aussage, die Personen hätten wie im Fernsehen beschrieben ausgesehen, wird erst verwertbar, wenn man sich die *Tagesschau* vom 7. April 1977 anschaut, in der davon gesprochen wird, dass eine Frau vom Beifahrersitz aus geschossen habe könnte. Warum wurde dieser wichtige Punkt nicht in klarerer Form in die Aussage aufgenommen? Welcher Richter hatte die Fernsehaufnahmen verfügbar, zumal nicht einmal Sender und Sendezeit mitgeteilt wurden? Die Aussage enthält den Anhaltspunkt auf die Täterschaft einer Frau bestenfalls in verklausulierter Form. Dieser schwache Hinweis wurde dann durch die ergänzende Befragung entfernt, indem der Zeuge die Passage zum Aussehen der Personen zurücknahm. Auch wurde von den Ermittlern nicht nachgefragt, was bezüglich des Aussehens nun nicht mehr zutreffend sei. Dabei wäre jede genauere Information sehr wichtig, da es sich mit hoher Wahrscheinlichkeit um das am Folgetag zur Tat benutzte Motorrad und vermutlich auch um die Täter handelte.

Man hätte erwartet, dass die Ermittler mit den Zeugen, die eine Frau auf dem Motorrad erkannt haben wollten, einen Termin für eine Gegenüberstellung vereinbart hätten. Sie war eigentlich zwingend erforderlich, das Motorrad und die Helme waren ja vorhanden. Man hätte so die Chance gehabt, die Zeugen beurteilen zu lassen, ob Verena Becker als Beifahrerin in Betracht kam. Auch der jugoslawische Zeuge vom Tattag hätte zu einer solchen Gegenüberstellung gebeten werden müssen. Ein Haftbeschluss wegen der Karlsruher Morde lag gegen Verena Becker obendrein vor. Aber nichts geschah! Es ist bedrückend, dass die Aussage, zu der 1977 noch dazu sehr viel Mut gehörte, nicht so bearbeitet wurde, dass ihr Kern in die Ermittlungsakten gelangte.

Die Sicherheit, mit der mir der Bundesanwalt vorlas, dass der »Zeuge vom Vortag« damals nichts von dem Motorrad bemerkt hat, lässt es durchaus denkbar erscheinen, dass die Bundesanwaltschaft nicht angemessen oder vollständig von den damals die Befragung durchführenden Beamten der Sonderkommission informiert worden ist. Ein bisschen klammere ich mich daran, da mir die Bundesanwaltschaft nahe steht. Bei der Würdigung der Spurenakte zur Aussage der Zeugen vom Vortag des Mordes lässt sich die Möglichkeit, dass es eine Deckung für Verena Becker von dritter Seite gab, nicht einfach wegwischen.

Für den persönlichen Frieden unserer Familie reicht die Gewissheit aus, die wir jetzt bezüglich der Täterschaft am Gründonnerstag erreicht haben. Sie ist viel höher als die Drittelwahrscheinlichkeit, die wir zuvor aufgrund der Informationen der Bundesanwaltschaft hatten. Inzwischen sollte deutlich geworden sein, dass Zweifel an dieser über drei Jahrzehnte präsentierten Tätergruppe berechtigt sind. Es wird nun darauf hingewiesen, dass es keine Fehlurteile gab und man als Mittäter auch denjenigen verurteilen kann, der maßgeblich mitgewirkt hat, aber beispielsweise nicht auf dem Motorrad saß. Das ist selbstverständlich und wird von uns nicht angezweifelt. Nicht einmal Knut Folkerts hat seine lebenslängliche Verurteilung beanstandet, da er sich moralisch und politisch schuldig fühlt, obwohl er sagt, er sei weder am Tattag noch unmittelbar zuvor in Karlsruhe gewesen. Der entscheidende Punkt ist doch, dass man sicherstellen muss, dass die unmittelbaren Täter auf dem Motorrad diejenigen sind, die wegen des Verbrechens angeklagt und verurteilt wurden. Von mir aus kann man sie gern »Mittäter« nennen. Aber keinesfalls darf es sein, dass die Personen auf dem Motorrad für ihre Tat nicht angeklagt und somit auch nicht verurteilt wurden. Diese dramatische Situation kann man inzwischen nicht mehr ausschließen. Sie träfe zu, wenn Sonnenberg das Motorrad gelenkt und Verena Becker geschossen hätte, aber auch, wenn Sonnenberg gelenkt und Wisniewski geschossen hat. Es geht meiner Familie nicht darum, Sonnenberg oder Verena Becker wieder in Haft zu bringen, sondern darum, dass ein schweres Verbrechen aufgeklärt wird.

Leider erhielt unsere Familie bei dem Bemühen, sichere Erkenntnisse über den Schützen zu gewinnen, keine sehr starke Unterstützung. Für uns ist es bitter, die Äußerung der Generalbundesanwältin im *Spiegel* lesen zu müssen, dass die Frage, wer konkret die Schüsse auf meinen Vater abgegeben hat, in rechtlicher Hinsicht von eher nachgeordneter Bedeutung sei.[5] Mir wäre wohler, wenn keine spitzfindigen Unterscheidungen zwischen juristisch relevanten und tatsächlichen Tätern eingeführt würden, wenn beide Tätergruppen identisch wären und wenn in jedem Fall der wirkliche Täter unter den für die Tat Verurteilten wäre.

Was ist inzwischen passiert? Es wurde gegen Wisniewski aufgrund der Aussage eines früheren RAF-Terroristen ein Ermittlungsverfahren eingeleitet, ohne dass klare Hinweise auf dessen Beteiligung an den Karlsruher Morden bekannt geworden sind. Kein Ermittlungsverfahren wurde aber gegen Verena Becker eröffnet, obwohl hier erhebliche Verdachtsmomente bestehen, was auch der Ermittlungsrichter des Bundesgerichtshofs im Mai 1977 so sah. Gut wäre es, wenn die Bundesanwaltschaft erläuterte, warum sie nicht gegen Verena Becker ermittelt. So würde sie Zweifel und Unbehagen ausräumen. Gerade weil wir auch heute enorme Bedrohungen durch Terrorismus erleben, die höchste Qualität in der Bekämpfung verlangen, sollte eine selbstkritische Prüfung möglicher Schwachstellen erfolgen.

Wie geht es weiter? Wir haben keinen Einfluss, keine Macht, es steht keine starke Gruppierung hinter uns, auch keine Partei. Wir waren in der Familie erschüttert, als wir die Kopie eines Briefes erhielten, den mein Vater wenige Wochen vor seinem Tod an einen Freund schrieb. Darin heißt es: »Natürlich bin ich nach wie vor um eine positive berufliche Bilanz bemüht. Dies wird allerdings von Monat zu Monat schwerer, und der Zeitpunkt, an dem ich mit dem Rücken zur Wand stehen werde, ist abzusehen. Bei uns gibt es keinen geregelten Dienstbetrieb mehr. Oft leben wir von der Hand in den Mund. Da unsere Prozesse nicht Tage und Wochen, sondern Monate, meist mehrere Jahre dauern, werden wir Mitte 1977 nur noch wissenschaftliche Hilfsarbeiter in Karlsruhe haben, die dann die laufenden Geschäfte bewältigen müssen. Wenn ich aus dem Skiurlaub zurück bin, werde ich Bonn auf die Pelle rücken.« Das ist dem Ministerium dann erspart geblieben.

Wir erschrecken bei dem Gedanken, dass es wohl ohne meine nicht einmal bewusst gestartete Aktivität gar keine neuen Untersuchungen gegeben hätte. Die Bundesanwaltschaft wusste ja wichtigste Dinge gar nicht. Sie kannte die Aussage des »Zeugen vom Vortag« nicht. Ohne mein Zutun hätte sich wohl weder Boock an die Justiz gewandt, um Informationen zu den Karlsruher Morden zu geben, noch hätte der ehemalige Mitarbeiter des Bundesamts für Verfassungsschutz auf die Aussage von Frau Becker hingewiesen.

In den vergangenen Wochen hatten wir oft den Eindruck, einen Albtraum zu erleben. Diejenigen, die die Fakten nicht kennen, werden vielleicht denken, dass wir uns zu wichtig nehmen. Das ist nicht der Fall. In einem *Spiegel*-Interview habe ich kürzlich gesagt, dass man, wenn es wirklich nur noch unsere Familie interessiert, keine großen Anstrengungen zur Aufklärung mehr unternehmen sollte.[6] Wir mussten viel hinnehmen und werden auch mit diesen neuerlichen Erkenntnissen irgendwie allein fertig. Die Angehörigen haben leider keinen Informationsanspruch, wie sie überhaupt keinerlei besondere Rechte besitzen. Eher trifft das Gegenteil zu. Aufgrund meiner unfreiwilligen Beiträge zu den Ermittlungen wurde ich sogar angegriffen. Es sollte aber bedacht werden, dass aus rechtsstaatlichen Gründen eine Aufklärung wichtig ist. Fragen an die Ermittler von damals, die wir ja nur an die Bundesanwaltschaft richten können, sollten klar und offen beantwortet werden. Das ist unsere große Bitte.

Nur durch gute Aufklärung ist die historische Wahrheit zur RAF zu erfassen. Ansonsten läuft die Auseinandersetzung mit dem RAF-Terrorismus ins Leere. Es muss geklärt werden, ob es Mängel in der Aufklärung oder eine bewusste Deckung von Tatverdächtigen unter Beteiligung von »Diensten« gegeben hat. All das darf aber nicht zu viel Zeit beanspruchen. Es wäre überhaupt zu überlegen, ob nicht die Unterlagen von Geheimdiensten nach einer angemessenen Frist öffentlich gemacht werden sollten. Eine solche Regelung gilt meines Wissens für den CIA.[7] Man sollte dabei auch an die Angehörigen denken. Meine Mutter ist 87 Jahre alt. Wenn doch noch andere Personen als die uns über 30 Jahre genannten entscheidend an der

Verena Becker (rechts) am 28. Dezember 1977, nachdem sie zu einer lebenslangen Haftstrafe wegen sechsfachen versuchten Mordes und räuberischer Erpressung verurteilt wurde.

Ermordung meines Vaters beteiligt waren, sollte man meiner Mutter das Recht zugestehen, dies noch zu erfahren.

Meine Befürchtung ist, dass einige noch immer nicht die Fakten sehen wollen, die nicht in ihr Bild passen. Ich meine Bestrebungen zu erkennen, die Gerichte zu schützen, nicht aber die Gerechtigkeit. In einem Interview äußerte sich der Anklagevertreter im Prozess wegen der versuchten Polizistenmorde von Singen zur Frage eines Verfahrens gegen Verena Becker zu den Karlsruher Morden, sie sei ja wegen Singen schon zu »lebenslänglich« verurteilt. Dies wäre aber nur dann ein erträgliches Argument, wenn es eine wirkliche lebenslängliche Strafe gäbe. Verena Becker hatte bei ihrer Ergreifung 1977 aus ihrer früheren Verurteilung noch eine mehrjährige Reststrafe zu verbüßen, die sie wegen ihrer Freipressung im Rahmen der Lorenz-Entführung nicht abgesessen hatte. So währte ihr »Lebenslänglich« eigentlich nur acht bis neun Jahre. Wäre es zu einer Verurteilung wegen Mittäterschaft bei den drei Karlsruher Morden gekommen, wäre sie wohl nicht bereits seit 18 Jahren in Freiheit. Ihr Tatbeitrag sollte vordringlich untersucht werden. Zu klären ist weiterhin, seit wann sie Kontakt zu Nachrichten- oder Geheimdiensten hatte, und ob sie vielleicht sogar mit ihnen zusammenarbeitete. Hierzu müssen die Vernehmungsprotokolle des Bundesamts für Verfassungsschutz eingesehen werden. Wenn es Auflagen bezüglich der gerichtlichen Nutzung der Becker-Aussagen gab, sollte auch in Hinblick auf zukünftige Verfahren geregelt sein, wer befugt ist, dem Generalbundesanwalt die Hände in einer wichtigen Ermittlung zu binden.

Es wäre für uns sehr bitter, wenn es einen Verzicht auf die Strafverfolgung der Mörder meines Vaters und seiner Begleiter im Tausch gegen erhoffte Informationen für Geheimdienste gegeben hätte. Dies würde in elementarer Weise die Würde der Opfer beschädigen. Wenn dies der Fall sein sollte, dann frage ich mich schon, ob die beteiligten Ämter oder Dienste dieselbe Verfassung schützen, für die mein Vater gearbeitet und gelebt hat und für die er mit seinen Begleitern gestorben ist.

Politisch motivierte Gewalt und die Schwierigkeiten des Bereuens – die RAF, ihre Opfer und das Strafrecht

Oliver Tolmein

Einleitung

Der Deutsche Herbst 1977 beschäftigt im Rhythmus der Jahrestage die Öffentlichkeit: 1987, 1997, 2002 und jetzt 2007. Jedes dieser Daten hatte einen anderen Schwerpunkt, denn nicht nur die Medien folgen dem Diktat, dass auch Erinnerung stets Neues präsentieren oder wenigstens ungewohnte Perspektiven eröffnen soll. Moderne Gesellschaften suchen nicht die Sicherheit in der Wiederholung, im Einüben einer Haltung. Ihren GesellschafterInnen ist es fremd, sich durch den Blick in die immer gleiche Richtung – Details immer noch detaillierter ausmessend – der eigenen Perspektive und Position zu vergewissern. Das nun 2007 ins Zentrum gerückte Thema ist das Leid, das den Opfern und besonders auch ihren überlebenden Angehörigen durch die Anschläge und Attentate der RAF zugefügt worden ist.

Dabei ist das Leid derer, die durch Straftaten schwer geschädigt oder traumatisiert wurden, die bei Verbrechen Angehörige und enge Freunde verloren haben, für Dritte nur schwer zu ermessen. Die manchmal wohlfeile, oftmals auch nur hilflose Bekundung von Verständnis und Beileid ist vor allem ein Hinweis darauf, wie breit der Graben ist, der zwischen denen aufreißt, für die so ein Ereignis nur eine Meldung ist und denen, die nun ihr ganzes Leben ungewollt und plötzlich grundlegend verändern müssen.

Angesichts des nur schwer nachempfindbaren Verlustes, den Familienangehörige der Opfer erlitten haben und erleiden, verbietet sich der vereinnahmende Schulterschluss, den aufdringliche Außenstehende bisweilen vollziehen (wollen). Wer sich als Beobachter auf eine Stufe mit den Hinterbliebenen stellt, nivelliert den Unterschied zwischen denen, die einen Angehörigen oder einen vertrauten Freund verloren haben und denen, die das Geschehen von draußen und oft genug auch mit eigenen, anderen Interessen verfolgen. Der Anwalt, der in seiner Verteidigung des Angeklagten Mitgefühl mit den Geschädigten beteuert, eine Politikerin, die sich nach einem Verbrechen, von Kameras begleitet, zu den Opfern begibt, der Vorstandssprecher eines Unternehmens, dessen Produkte viele Menschen verletzt hat, und der im Verlauf der langen Auseinandersetzung mit den Schadenersatz fordernden Opfern zwar nicht ihren Ansprüchen nachkommt, dafür aber sein Verständnis für deren Leiden erklärt, mögen es im besten Fall ehrlich meinen, jedoch verwischt ihre Akzentuierung von »Verständnis« und »Mitleid« die Grenzen der zugrunde liegenden Konflikte. Überdies laufen sie Gefahr, die Not und das Leiden anderer für die eigene Sache zu instrumentalisieren.

Aus diesem Grund wird in Strafverfahren auch der eigentlich gut gemeinte Versuch des Richters, einen Täter zu einer Entschuldigung zu motivieren, nicht selten von den Geschädigten zurückgewiesen. So wenig das Geschehene rückgängig gemacht werden kann, so sehr haben Verletzte ein Recht darauf, dass ein Trennungsstrich gezogen bleibt und sie in ihrer Trauer und ihrem Schmerz für sich bleiben können. Außenstehende müssen ihre Privatsphäre, ihren Rückzug respektieren und den Unterschied anerkennen, zwischen denen, die räsonieren können und denen, die erleben müssen. In diesem Zusammenhang blieb mir ein Verfahren besonders in Erinnerung, in dem die Eltern einer ermordeten jungen Frau darum kämpften, dass der wegen Totschlags verurteilte Täter keinen Ausgang zum Grab ihrer Tochter bekommen sollte. Sie befürchteten, er wolle sich so den Beamten der Strafvollstreckungskammer gegenüber reuig zeigen und damit noch den Besuch des Grabes missbrauchen, um eine Haftentlassung auf Bewährung zu erreichen.

Selbstverständlich gibt es auch die entgegengesetzte Entwicklung: das Bemühen von Angehörigen und Opfern um Versöhnung, ihren Wunsch, dass Dritte oder sogar Täterinnen und Täter mit ihnen mitempfinden sollen. Eins kann sich auch jeweils in das Andere verändern.

Strafrechtlich wirft das allerdings die Frage auf, ob dem geständigen und versöhnungswilligen Täter eine Strafmilderung versagt werden kann, nachdem wegen der – nachvollziehbaren – Ablehnung des Geschädigten, auch nur irgendeine Entschuldigung entgegenzunehmen, beziehungsweise zu akzeptieren, keine Entschärfung des Konflikts eintrat. Das zeigt, dass die Einbeziehung der Geschädigten ins Strafverfahren zwar wichtig und wünschenswert ist, aber keineswegs unproblematisch. Im Gerichtssaal stehen Interessen gegeneinander und dort kann und muss der Angeklagte, um dessen Freiheit es nun geht, seine Rechte geltend machen können. Ein Prozess mit seinen Förmlichkeiten und oft schwer nachvollziehbaren Regeln mag einen passablen Raum für die Rekonstruktion eines Geschehens bieten, bei dessen Bewältigung hilft er vergleichsweise wenig. Auch der Auftritt der Nebenklage kann dem Verletzten nur eine Stimme verleihen – er kann (und darf) nicht den Prozess, der mit seinen Mitteln eine begrenzte Wahrheit zu Tage fördern soll, in einen Ort des Gedenkens und der Trauer verwandeln. Das ist aber für die Opfer oftmals schwer zu akzeptieren, weil ein gesellschaftlicher Ort für ihr Anliegen, ein Ort der Erinnerung, nur selten geschaffen wird.

Die Diskussion der Wochen und Monate des Herbstes 2007 und auch das Symposion zu »Opfern der RAF« zeigen jedoch eine andere Richtung auf. Die Strafverfahren, die die Schuld der Täterinnen und Täter feststellen sollten, sind lange beendet. In öffentlichen Veranstaltungen wie dieser geht es weder um die Bewältigung im Privaten noch um den Versuch, etwas für sich zu klären oder auch die Täter unmittelbar in die Pflicht zu nehmen, denn hier im öffentlichen Diskurs treten – oftmals vehementer als Witwen und Waisen, als Angehörige, Überlebende und deren Freunde – Journalisten und Politiker auf. Sie fordern von den einstigen Mitgliedern der RAF das Eingeständnis ihres Versagens und Scheiterns, sie verlangen Entschuldigungen und sichtbare Reue. Auch wir diskutieren hier in diesem Saal öffentlich. Dass Angehörige von Opfern der RAF dabei sind, ist zwar wichtig für diese Diskussion, es ändert aber nichts an ihrem nicht-privaten Charakter. Die gesellschaftliche Debatte muss auch Überlegungen verkraften, die für Angehörige vielleicht schmerzlich sind oder die Ihnen als Zumutung erscheinen.

Ich möchte hier einen autobiographischen Hinweis anfügen. Mein Vater war 1972 Redakteur im Axel Springer Verlag. Er arbeitete für die *Welt*. Den Anschlag auf das Springer-Hochhaus in Hamburg im Mai 1972 hatte er miterlebt – und wir, seine Familie, hatten Angst um ihn. Ich war damals zehn Jahre alt. Bei uns zu Hause hieß die RAF »Baader-Meinhof-Bande«. 1977, im Deutschen Herbst, diskutierten wir im Freundeskreis und bei mir im Internat, ob man inhaftierte RAF-Gefangene erschießen dürfe, wenn sie freigepresst werden sollten. Das erschien mir und vielen, mit denen ich damals geredet und zusammengelebt habe, rechtsstaatlich und ethisch bedenklich, letzten Endes aber doch akzeptabel, ja vielleicht sogar erforderlich. Als uns am 18. Oktober 1977 im Speisesaal des Internats

Für die inhaftierten RAF-Mitglieder wird in Stuttgart-Stammheim ein Hochsicherheitstrakt eingerichtet.

ein Lehrer mitteilte, in Stammheim hätten sich drei RAF-Häftlinge umgebracht, gab es lang anhaltenden Applaus.

Mit dieser Geschichte möchte ich an ein Klima erinnern, das es damals auch gab – ein Klima, in dem sich viele, weit über den Kreis der »Spitzen der Gesellschaft« hinaus, bedroht fühlten.

In diesem frostigen Klima erschien vieles möglich, bis hin zu Gefangenenerschießungen, woran heute niemand gern erinnert. Das muss man sich vergegenwärtigen, wenn man über Bereuen spricht, wenn man verlangt, die damaligen RAF-Mitglieder müssten dieses tun und jenes sagen. Damit soll nichts relativiert oder aufgerechnet werden. Aber wer von einem politisch motivierten Straftäter Reue und Entschuldigungen sowie die öffentlich zu äußernde Einsicht erwartet, nicht nur einzelne (taktische) Fehler, sondern etwas völlig Falsches gemacht zu haben, der muss in der öffentlichen Diskussion auch das Umfeld reflektieren, in dem und gegen das diese Anschläge und Attentate verübt wurden. Die gesellschaftlichen Auseinandersetzungen der siebziger Jahre waren aber im Vergleich zur heutigen Situation härter und unerbittlicher.

Politisch motivierte Gewalt

Für das Thema »Die RAF und ihre Opfer« finde ich nur schwer einen angemessenen Blickwinkel. Aus wessen Sicht soll ich es betrachten? Die Angehörigen von erschossenen und entführten Menschen haben insbesondere in diesem Jahr nachdrücklich beklagt, es werde viel über die Täter geredet, deren Geschichte, ihre politische Entwicklung sowie die Bedingungen ihrer Haft und die Vorgehensweise der Strafjustiz im Mittelpunkt der öffentlichen Aufmerksamkeit stünden. Diese Feststellung, in der oft ein bitterer Unterton mitschwingt und sich auch eine resignierte Stimmung ausdrückt, trifft zweifelsohne zu. Die Väter, Männer, Freunde und Brüder der Hinterbliebenen starben einen danach immer wieder thematisierten öffentlichen Tod, der in Filmen und Dokumentationen nachgestellt und nachgespielt wird, oft auf eine für die Angehörigen kaum erträgliche Art, oftmals die tatsächlichen, bekannten Abläufe ignorierend. Dagegen können sie sich schlecht wehren und sich darüber hinaus auch nicht der Aneignung des Sterbens und des Todes durch die Öffentlichkeit entziehen. Und noch etwas konfrontiert die Angehörigen immer wieder mit ihrer Geschichte und ihrem Verlust: Die überlebenden Mitglieder der RAF-Kommandos konnten sich verändern und entwickeln, sie können wieder in die Öffentlichkeit treten, am gesellschaftlichen Leben also teilhaben, während ihre Toten tot sind und bleiben. Für sie gibt es keine Entwicklung.

Zugleich weist die Kritik der Angehörigen auch auf ein dem Strafrecht prinzipiell innewohnendes Dilemma hin. Damit Bestrafung legitim erscheint, muss sich der Strafprozess intensiv mit den Täterinnen und Tätern, ihrer Geschichte, ihrem Handeln, den Motiven und Perspektiven befassen. Während die Tat und ihre Folgen zumeist bekannt sind, hier der Tod von Menschen, muss der Schuldige erst gefunden und ihm seine Tatbeteiligung und seine Verantwortung erst nachgewiesen werden.

Auch ist die Motivation der Tat von entscheidender Bedeutung für die Höhe der Strafe. Der Soziologe Niklas Luhmann hat in einer berühmt gewordenen Schrift über die Wirkung der Rechtssprechung erklärt, dass rechtsstaatliche Verfahren Legitimation erzeugen – also statt des Ergebnisses die Regeln des Prozesses im Zentrum stehen, die das Urteil hervorbringen.[1] Jene Regeln, mit denen der mächtige Staat gegen die Angeklagten antritt, können aber auch die Tat und die davon Geschädigten aus dem Blick verschwinden lassen. Als Ausdruck dieser Situation bleibt dem Opfer im Normalfall nur die Zeugenrolle. Jedoch ist diese Verschiebung von Perspektiven und die Gewichtung des Interesses nicht nur ein Problem der Bewältigung politisch motivierter Straftaten durch das Strafrecht, sondern sie durchzieht auch viele andere Deliktsgruppen und Rechtsgebiete.

Ein auffälliges und zugleich für die überlebenden Opfer und Angehörigen besonders schwer zu ertragendes Phänomen ist die von RAF-Mitgliedern ebenso wie von anderen politisch motivierten Gewalttätern betriebene Rechtfertigung ihrer Morde und Mordversuche. Die RAF-Kommandos präsentierten ihre Aktionen in Bekennerschreiben oder politischen Erklärungen als kalkulierte Handlungen zugunsten eines politischen Ziels. Die Opfer wurden damit nicht nur physisch getroffen, sondern zudem auch ihrer Individualität entkleidet und so zum Symbol eines Staates, einer politischen Klasse, einer Ausprägung des gesellschaftlichen Systems degradiert, oder, wie die in den siebziger und achtziger Jahren ermordeten Personenschützer und Fahrer, nur als störende Faktoren für ein anderes Ziel behandelt, also vollständig funktionalisiert. Während der Arbeitgeberpräsident Hanns Martin Schleyer bei seiner Entführung 1977 wenigstens noch theoretisch eine Überlebenschance hatte, mussten der Fahrer Heinz Marcisz und die Polizisten Reinhold Brändle, Helmut Ulmer und Roland Pieler auf jeden Fall sterben.

Es war der Verteidiger von Gudrun Ensslin, Otto Schily, der am 27. April 1977, dem Tag vor der Verkündung des Urteils im ersten Stammheimer Prozess, in einer Pressekonferenz den Medien und der Justiz attestierte, die politischen Motive der RAF nicht ausreichend zu würdigen: »Wenn heute jemand vor Gericht stünde, dem man vorwirft, er habe einen Anschlag auf das Reichssicherheitshauptamt gemacht, dann würde man ihm doch, auch wenn dort Menschen zu Tode gekommen wären, zubilligen, dass er aus politischer Motivation gehandelt hat. Und so ist es mit der RAF auch, sie hat den bewaffneten Kampf gegen den Völkermord der Amerikaner in Vietnam geführt, dabei hat sie zwar politische Verbrechen begangen, aber es waren Verbrechen gegen einen Völkermord.«

Das ist eine bemerkenswerte Feststellung, denn Verbrechen gegen einen Völkermord erscheinen auch einigen Angehörigen von Opfern der RAF ethisch legitim. So äußerte Clais von Mirbach, Sohn des in der Deutschen Botschaft in Stockholm 1975 ermordeten Militärattachés Andreas von Mirbach: »Ich schließe auch nicht grundsätzlich aus, dass es unter Ausnahmeumständen richtig sein kann, sich gegen staatlich strukturierte Gewalt zu wehren. Ich bin kein Pazifist, und die Männer des 20. Juli bewundere ich zutiefst.«[2]

Aber von Mirbachs Beschreibung der Zustände in der Bundesrepublik stimmt nicht einmal ansatzweise mit der der damaligen RAF-Kader überein. Ihre Feuergefechte mit deutschen Polizisten, der Anschlag auf das Hamburger Springer-Hochhaus, das Attentat auf einen Ermittlungsrichter des Bundesgerichtshofs und die Geiselnahmen und -erschießungen in der Stockholmer Botschaft waren keine Tyrannenmorde, tatsächlich intervenierte die RAF nicht in einen Völkermord. Am ehesten könnte eine solche Beurteilung noch auf den Anschlag der RAF auf die US-Militärstützpunkte in Frankfurt und Heidelberg zugetroffen haben, die auch als Umschlagplätze für in den Vietnamkrieg ziehende US-Truppen dienten. Aber auch hier wird man aus der Kenntnis von zahlreichen Kriegsverbrechen nicht ableiten können, dass die Ermordung irgendwelcher Soldaten an einem beliebigen Ort als ethisch legitim angesehen werden kann. Wie dieses Beispiel zeigt, birgt politisch motivierte Gewalt aus der Sicht der Geschädigten und ihrer Angehörigen ein zusätzliches Problem in sich: In den Blick genommen wird zu Recht die politische Begründung der Täterinnen und Täter für ihr Tun. Ihr Handeln erzeugt dann leicht eine Kontroverse, die fast ausschließlich eine Gesellschaftsanalyse und die sich daraus ergebenden Rückschlüsse auf die Motive der Täter beinhaltet, während das konkrete Geschehen aus dem Blickfeld verschwindet. In einem Strafverfahren kann es daher eine Aufgabe der Anwältinnen und Anwälte einer Nebenklage sein, dem entgegen zu wirken. Um so bemerkenswerter ist es, dass es keine Nebenklage in den Verfahren gegen RAF-Mitglieder gab – obwohl Chancen hierfür, wenngleich mit weniger Möglichkeiten ausgestattet als heute, 1977 schon existierten. So verstärkte sich der allgemeine Eindruck, es gehe in den Prozessen ausschließlich um eine Konfrontation zwischen der BRD und der RAF.

Die Bundesanwaltschaft beugte der Gefahr einer solchen Verschiebung der Perspektive dadurch scheinbar vor, dass sie die RAF-Mitglieder wegen Mordes anstelle eines politisch konnotierten Delikts wie Hochverrat anklagte. Gleichzeitig führte sie die Verfahren aber nicht konsequent wegen der Tötungsdelikte, sondern erleichterte sich die Arbeit dadurch, dass sie den § 129 StGB (kriminelle Vereinigung) und später den neu geschaffenen § 129a StGB (terroristische Vereinigung) nutzte, um gerade nicht der klaren Täterschaftsdogmatik folgen zu müssen, die für eine Zurechnung von Taten den detaillierten Nachweis von Tatbeiträgen und einen entsprechenden Vorsatz verlangt. Es reichten die Nachweise einer »innerlichen Identifikation mit den Taten«, »das allgemeine Konzept, solche Anschläge zu begehen mitentwickelt«, »in den Teil-Einlassungen nicht bestreiten verantwortliche Urheber zu sein«, um aus solchen Zuschreibungen die Schuldsprüche im ersten Stammheim-Urteil vom 28. April 1977 (vier Morde und 34 Mordversuche) zu begründen. Vergleichsweise rasche Urteile und die Zuschreibung einer möglichst umfassenden Verantwortung der Angeklagten für alle Taten wurden so auf Kosten einer konkreten Aufklärung von Verantwortlichkeiten und Einzeldetails ermöglicht. Hier in Stuttgart, wenige Kilometer vom Stammheimer Justizgebäude entfernt, wäre zwar der richtige Ort, aber leider ist jetzt nicht die Gelegenheit, die RAF-Verfahren der ersten Jahre, die dort zu beobachtende Prozessführung und den Umgang der Gerichte mit ihnen vorliegenden Beweismitteln im Einzelnen zu analysieren. Mit dieser Frage haben sich bislang auch weder RechtssoziologInnen, noch KriminologInnen oder StrafprozessualistInnen eingehend befasst – und das hat wenig mit Desinteresse an der Zeitgeschichte zu tun. Nur kurz sei hier an die enormen Schwierigkeiten der gewiss linker Umtriebe unverdächtigen *FAZ* erinnert, als ihre Journalisten im Herbst 2007 die Gerichtsurteile einsehen wollten, die Anfang der achtziger Jahre die Taten des Deutschen Herbstes sühnen sollten. Erst nach der Androhung eines gerichtlichen Verfahrens erhielten sie schließlich die Unterlagen dieser Prozesse, die ja nicht als Geheimverfahren, sondern immerhin »im Namen des Volkes« entschieden wurden.

In dem neu errichteten Mehrzweckgebäude in Stuttgart-Stammheim fanden damals allen Beteuerungen zum Trotz keine normalen Mordverfahren statt. Es waren Staatsschutzprozesse – die RAF hatte den Staat angegriffen, der fühlte sich auch angegriffen und wehrte sich. Der Fokus der Öffentlichkeit richtete sich auch deswegen wie selbstverständlich auf den Staat und nicht auf die tatsächlich ermordeten Menschen und deren Angehörige. Der Staat nutzte hier nicht die Justiz, wie es sein soll, um einen privaten Konflikt zwischen Tätern und Opfern durch den Einsatz seines Gewaltmonopols zu neutralisieren; er wirkte nicht als Organisationsmacht der Gesellschaft, um einen Konflikt zu lösen. Stattdessen trat der Staat an die Stelle der Verletzten, agierte schließlich selbst wie ein Betroffener – immerhin waren viele der Toten staatliche Funktionsträger: der Generalbundesanwalt, der Bundesrichter, Diplomaten und einige Polizeibeamte. Aber sie alle waren auch Menschen mit Familie. Das erzeugte ein Spannungsfeld, das aber und vielleicht gerade damals zumeist übergangen wurde. So schildert Viveka Hillegaart, die Tochter des 1975 von RAF-Mitgliedern in Stockholm ermordeten Botschaftsrats Heinz Hillegaart, dessen Begräbnis: »Nach der kirchlichen Zeremonie wurde auf dem Stockholmer Flughafen ein Staatsakt für die Ermordeten abgehalten. Eine Kapelle spielte Marschmusik und die deutsche Nationalhymne. Vor uns standen die Särge, bedeckt mit Deutschlandflaggen – all dies hatte nichts mit unserem Vater zu tun. Dieser vorgegebene Ablauf des Abschiednehmens ließ keinen Raum für private Augenblicke der Trauer. Wenn ich heute zurückblicke,

In einem Staatsakt werden Siegfried Buback und seine Begleiter am 13. April 1977 in der Karlsruher Stadtkirche beigesetzt.

waren es für uns zusätzliche dramatische Momente, die wir durchstehen und bei denen wir Haltung bewahren mussten. Zumal es einen Tag nach der Trauerfeier in Stockholm einen zweiten Staatsakt in Bonn gab. Ich weiß nicht, ob diese Veranstaltung für uns gut war. Mir hat das viel abverlangt.«[3] Mit der zum Staatsakt stilisierten Trauerfeier verschwand das private Leben, die Individualität des Getöteten noch weiter aus dem Blick. Das übermächtige Bild des trauernden Staates drängte die Angehörigen an den Rand, zumindest wenn sie sich nicht an die Spitze der Staatstrauer setzen wollten.

Es gab aber auch Versuche, jene ohnedies nur konstruierte Identität von Staat und Opfern – »wer auf sie schießt, schießt auf uns alle« – zu durchbrechen. Das offenbarten nicht nur die oft bitteren Klagen insbesondere der Hinterbliebenen von Polizeibeamten und Fahrern, die, zumeist keineswegs gut versorgt, irgendwann aus dem Blick gerieten und alleine (gelassen) da standen. Am deutlichsten zeigte das der Versuch der Familie des entführten Arbeitgeberpräsidenten Hanns Martin Schleyer, über eine Verfassungsbeschwerde, verbunden mit einem Antrag auf einstweilige Anordnung, den von der RAF angestrebten Gefangenenaustausch zu erzwingen. Die Familie begnügte sich weder mit der von den Behörden erzwungenen Passivität, noch nahm sie die Staatsraison hin, die einen Austausch verhinderte. Ihr Interesse und der Wunsch des Entführten, den er in mehreren Erklärungen übermittelt hatte, standen der Position des Staates entgegen – zumindest an diesem einen entscheidenden Punkt wurde das auch öffentlich deutlich gemacht. Das Bundesverfassungsgericht entschied gegen die Familie und wies den Antrag zurück. Schleyer wurde nicht ausgetauscht. Schließlich haben ihn Mitglieder der RAF hinterrücks erschossen. Dann gab es auch für ihn, dessen Familie zuletzt gegen den Staat geklagt hatte, ein Staatsbegräbnis. Der Riss blieb aber sichtbar. Dabei soll jedoch nicht unterschlagen werden, dass sich auch der Staat keineswegs unbedingt so geschlossen als Machtapparat zeigen muss, wie er es im Deutschen Herbst tat. Die innenpolitischen Auseinandersetzungen während der Entführung des CDU-Politikers Peter Lorenz durch die »Bewegung 2. Juni« zwei Jahre zuvor – Lorenz wurde schließlich ausgetauscht – zeigen, dass es, zumindest zeitweise, auch einen anderen Weg gab.

Wer sich Gedanken über die Form des Umgangs mit den Opfern politisch motivierter Gewalttaten macht, ob und wie ihnen ein aktiverer Part in der gesellschaftlichen Auseinandersetzung eingeräumt werden kann und soll, der darf aber den Blick nicht nur auf die Beziehung zwischen den Opfern und dem Staat richten, ist diese doch stets auch geprägt vom Verhältnis zwischen Staat und Tätern – wobei Täter hier ein Begriff ist, der sehr unterschiedliche Personen umfasst. Einerseits schließt er diejenigen ein, die tatsächlich geschossen und gesprengt haben und dafür verurteilt wurden. Als Täter gelten aber auch jene, die Beihilfe leisteten oder die Taten geplant, begründet oder unterstützt haben. Bisweilen sind aber auch Menschen verurteilt worden, deren Beteiligung an der konkreten Tat keineswegs überzeugend nachzuweisen war, sondern denen vor allem zur Last gelegt wurde, in der fraglichen Zeit Mitglied der RAF gewesen zu sein. Hier soll es nicht darum gehen, diese Unterschiede und die sich daraus ergebenden Probleme strafrechtlich zu würdigen – es geht vielmehr um die Frage, wie intensiv die Aufklärung der Ereignisse im Rahmen der Strafverfahren betrieben wurde.

Die Schwierigkeiten des Bereuens

Siegfried Fleiner, der Seelsorger von Brigitte Mohnhaupt, die wegen ihrer Beteiligung an mehreren Anschlägen und der Schleyer-Entführung im Deutschen Herbst zu lebenslanger Haft verurteilt worden ist und 2007 nach 24 Jahren in Haft entlassen wurde, thematisierte in einem Interview mit der *taz* das »Überleben in Haft«, wobei er auch die oft gestellte Forderung nach »Reue« ansprach. Auf die Frage, wie Mohnhaupt die lange Zeit im Gefängnis verarbeitet habe, antwortete er mit folgenden Worten: »Ich habe mich selbst immer wieder gefragt, wie ein Mensch eine so lange Zeit im Gefängnis überstehen kann. Sie konnte es, weil sie eine gestandene Persönlichkeit ist. Sie weiß, was sie will, und sie wollte diese Jahre in Aichach überleben. Sie wollte das Gefängnis ungebrochen verlassen.« Fleiner äußerte sich auch dazu, ob die Forderung nach Reue unrealistisch sei: »Frau Mohnhaupt hat ihre Taten für die RAF aus ideologischen Gründen begangen. Und eine Ideologie kann man im Gefängnis nicht bereuen. Das hätte ihr den Boden unter den Füßen weggezogen, weil sie dann vor sich selbst hätte zugeben müssen, dass all die Jahre im Gefängnis umsonst gewesen sind. Sie konnte das aus reinem Selbsterhaltungstrieb nicht tun. Sie hätte ihr ganzes Leben verneinen müssen, das hätte einen Fall ins Bodenlose bedeutet.«[4] Das beschreibt präzise ein Dilemma der Situation der RAF-Gefangenen, aber auch der Gesellschaft: Gerade bei politisch motivierten Täterinnen und Tätern, die mit ihren Attentaten vor allem den Staat treffen wollen, führt die dann vom Staat verhängte Strafe oftmals eher zu einer Erstarrung, einer Bestätigung der Sichtweise, die sie zu ihren Taten verleitet hat.

Das wirft die Frage nach dem Zweck einer Strafe auf. Warum und mit welchem Ziel wird in unserer Gesellschaft überhaupt bestraft? Hierfür gibt es viele Ansätze. Strafe kann auf Vergeltung zielen, auf Sühne, Ausgleich der Schuld, Abschreckung oder Resozialisierung. Dabei geht es in den meisten zivilisierten Gesellschaften um eine Begrenzung der Strafe, weshalb die Todesstrafe, die grenzenlos ist, nicht akzeptiert wird. Weiterhin sollen die verschiedenen Strafzwecke zusammenspielen, es wird also nicht von dem einen richtigen ausgegangen. Allerdings nimmt unter den verschiedenen Ansätzen die »positive Generalprävention« eine besonders starke Stellung ein. Demnach zielt Strafe nicht auf Abschreckung und Vergeltung, sondern auf die Stärkung der Rechtstreue in der Bevölkerung. Jedoch muss eine Strafe nach deutschem Strafrecht stets angemessen sein. Das Strafvollzugsgesetz gibt als Ziel des Strafvollzugs die zukünftige Straffreiheit, also eine konsequent präventive Zielsetzung, an. Insgesamt ist weder der Zweck der Bestrafung widerspruchsfrei und endgültig geklärt, noch herrscht eine klare Vorstellung vom Verhältnis der Strafzwecke zueinander. Dabei beinhaltet das mittlerweile so oft nachdrücklich geforderte Bereuen eine stark moralisierende Bedeutung und verlangt vom Täter, sein Handeln im Nachhinein selbst als verwerflich zu empfinden, ist aber als Strafzweck überhaupt nicht anerkannt.

Erschwert wird ein Reueempfinden ehemaliger RAF-Mitglieder dadurch, dass sie im Unterschied zu vielen Tätern anderer Kapitaldelikte keine persönliche Beziehung zu ihren Opfern hatten, die sie ja in erster Linie als Funktionsträger wahrnahmen. Sie kundschafteten zwar ihre Wege und den Begleitschutz aus, suchten gegen sie gerichtete Angriffsmöglichkeiten und befassten sich mit den Tätigkeiten ihrer Opfer, allerdings setzten sie sich nicht mit den Opfern selbst, mit ihren Lebensumständen, Familien, Wünschen oder Sehnsüchten auseinander. Sogar bei Hanns Martin Schleyer spielte der später herausgestrichene besondere biographische Bezug bei der Entführung selbst und in den Wochen bis zu seiner Ermordung noch keine Rolle. Die Hinweise auf seine Vergangenheit als NS-Funktionär wurden erst deutlich später nachgeschoben.

Eine Ausnahme bildete in diesem Zusammenhang allerdings Susanne Albrecht, die an der versuchten und schließlich tödlich endenden Entführung Jürgen Pontos beteiligt war. Sie kannte das Opfer und seine Familie gut und nutzte diesen Kontakt auch für die geplante Entführung aus. Nach dem Deutschen Herbst verließ sie die RAF und floh in die DDR, wo sie bis 1990 unter anderem Namen lebte. Nach dem Fall der Mauer wurde sie verhaftet. Sie war zu belastenden Aussagen gegen andere Täter bereit und wurde unter Anwendung der Kronzeugenregelung 1991 zu zwölf Jahren Haft verurteilt, die sie nur zur Hälfte verbüßen musste. Auch dieses staatliche Vorgehen, in dem eine vergleichsweise geringe Haftstrafe, die zudem unter erleichterten Bedingungen vollstreckt wurde, nicht aufgrund eines Reueempfindens, sondern nach Preisgabe erwünschter anderer belastender Informationen verhängt wurde, dokumentiert die möglicherweise recht unterschiedlichen Interessen von Tatgeschädigten und Strafverfolgungsorganen.

Eine andere Situation herrschte für die ehemaligen Mitglieder der RAF, die in den siebziger und achtziger Jahren verurteilt wurden und die sich nicht zu Absprachen im Rahmen von Kronzeugenregelungen bereit fanden. Sie unterlagen größtenteils und zumindest

Bundeskanzler Helmut Schmidt kondoliert der Witwe Waltrude Schleyer nach der Trauerfeier in der Stuttgarter St. Eberhardskirche.

für einen längeren Zeitraum besonders scharfen Haftbedingungen, die man vor allem mit Sicherheitsbedenken begründete. Im Unterschied zu vielen anderen wegen Kapitalverbrechen verurteilten Gefangenen erhielten sie weder Vollzugserleichterungen noch hatten sie passable Chancen auf vorzeitige Entlassung auf Bewährung. Selbst Birgit Hogefeld, die sich als erstes RAF-Mitglied nach ihrer spektakulären Verhaftung 1993 in Bad Kleinen in ihrem Prozess zwar zur RAF bekannte, gleichzeitig aber Anschläge und Aktionen der Vergangenheit scharf kritisierte und die mit ihrer klaren und kritikfähigen Haltung offenbar maßgeblich dazu beitrug, dass die RAF ihren »bewaffneten Kampf« aufgegeben hat, wurde zu lebenslanger Haft verurteilt. Das Gericht stellte bei ihr eine besondere Schwere der Schuld fest, die eine Freilassung zur Bewährung frühestens nach 20 Jahren Haft erlaubt.

Wie bei Birgit Hogefeld angedeutet, erlebten die RAF-Mitglieder ihre Haft (insbesondere in den siebziger und achtziger Jahren) überwiegend als einen Kampf um ihre persönliche und politische Integrität, der eine selbstkritische Auseinandersetzung mit ihren Taten oder gar ein Bereuen aus Gründen des Selbsterhalts gar nicht zuließ. Die Umstände der Prozesse, geprägt durch zahlreiche Sonderbestimmungen und eine Sonderzuständigkeit der Staatsschutzsenate der Oberlandesgerichte, sowie die Höhe der Urteile und die Bedingungen der Haft konterkarierten so eine Wiedereingliederung. Dass begleitend zur Auseinandersetzung mit der RAF immer wieder Kontroversen über ein Feindstrafrecht im Sinne Carl Schmitts geführt wurden, charakterisiert den schwierigen Umgang der deutschen Justiz mit diesen ihr ebenso unversöhnlich gegenübertretenden Täterinnen und Tätern. Dieser Befund zeigt, dass der Staat, vertreten durch seine Strafjustiz, nichts dafür tat, diesen Konflikt, in dem er selbst als Akteur auf den Plan getreten war, zu entschärfen.

Dabei wurde selbst die elementare Aufgabe der Strafjustiz, Taten so gut es geht aufzuklären, vernachlässigt, wie die Auseinandersetzung um den Ablauf der Ermordung des damaligen Generalbundesanwalts Siegfried Buback verdeutlicht: Nachdem im April 2007 durch Aussagen des in der Vergangenheit nicht gerade als besonders glaubwürdig auftretenden Ex-RAF-Mitglieds Peter-Jürgen Boock Zweifel an der bisher von den Gerichten festgestellten Version des Attentats geweckt worden waren, stellte sich heraus, dass das Bundesamt für Verfassungsschutz offenbar schon Anfang der achtziger Jahre weitere Informationen besaß, die sich auf die Aussagen einer verdeckten Kronzeugin, Verena Becker, stützten. Allerdings hatte der Verfassungsschutz aus Gründen der Staatsraison die entsprechenden Informationen nicht weitergeleitet und offenbar für das Verschwinden der Zeugin gesorgt.

Auch im April 2007, da die RAF sich längst aufgelöst hatte und die Angehörigen des ermordeten Generalbundesanwalts darauf drängten, den wirklichen Tatablauf zu erfahren, verweigerten die Verfassungsschützer die Offenlegung ihrer Akten.[5] Stattdessen setzte die Bundesanwaltschaft mit Beugehaftanträgen ehemalige RAF-Mitglieder, die teilweise erst vor kurzem aus lebenslanger Haft entlassen worden waren oder sogar noch inhaftiert sind, unter Druck, Aussagen zum damaligen Ablauf zu machen. Statt der von den Angehörigen erhofften Aufklärung führte das zu einer Verhärtung der Fronten.

Mehr als 30 Jahre nach dem Deutschen Herbst wäre für die bundesdeutsche Gesellschaft jetzt ein guter Zeitpunkt, die Auseinandersetzung mit diesem kurzen, aber bedeutsamen Kapitel ihrer Geschichte zu erneuern. Die Justiz ist hierbei überfordert, insbesondere da sie selbst Konfliktbeteiligte ist und ihr eigenes Verhalten einen nicht unerheblichen Teil der spannungsreichen Geschichte bildet. Auch wenn 2007 das Jubiläumsjahr ist, in dem die Interessen, Wünsche und Erfahrungen der Geschädigten und ihrer Angehörigen so nachdrücklich wie nie im Mittelpunkt des Geschehens stehen, so wurde doch offensichtlich, dass sie die gesellschaftliche Wahrnehmung mit dem Thema keineswegs bestimmen – was damit zusammenhängt, dass sich auch diese Gruppe heterogen zusammensetzt. Immerhin zieht sich in den letzten Jahren ihr Wunsch nach Aufklärung wie ein roter Faden durch die Beschäftigung mit dem Thema RAF. Gerade die Angehörigen wollen solche Informationen, die ihnen zumeist nur Täterinnen und Täter mitteilen können; die Öffentlichkeit hat ihrerseits ein Interesse auch an weiteren und genaueren Angaben als den ihr bisher zugemuteten Angaben über das Vorgehen des Staates.

In Staaten, die in der Vergangenheit mit unversöhnlichen inneren Konflikten umgehen mussten, hat sich, jenseits der staatlichen Wahrheitserforschung, die Etablierung von Wahrheitskommissionen bewährt. Sie ergründen gesellschaftliche Wahrheiten und dokumentieren ihre Ergebnisse. Der Preis der so gewonnenen Erkenntnisse und Erzählungen ist der Verzicht auf Sanktionen. Eine Erfolgsgarantie gibt es allerdings auch beim Einsatz von Wahrheitskommissionen nicht. Weniger Erkenntnisse als die bei der detaillierten Aufklärung der Taten der RAF weitgehend erfolglose deutsche Justiz (der im wesentlichen nur Schuld-Zurechnungen gelungen sind) dürften sie jedoch kaum produzieren.

Was eine Wahrheitskommission zu Tage fördern könnte, würde dann auch die Auseinandersetzung mit den Taten und ihren Konsequenzen bestimmen, die in Deutschland noch weitgehend aussteht. Voraussetzung dafür wird Offenheit sein. »Bereuen« als wesentliches Resultat kann allerdings nicht vorgezeichnet werden. Dass Angehörige der Opfer sich einer solchen Auseinandersetzung möglicherweise gar nicht unterziehen wollen, ist ihr gutes Recht. Denen aber, die sich davon neue Erkenntnisse versprechen und damit auch die Hoffnung auf eine andere eigene Auseinandersetzung mit dem Geschehen verbinden, sollte man dazu die Möglichkeit eröffnen.

Der »Deutsche Herbst«
aus heutiger Sicht

Klaus Pflieger

Die seit Beginn des Jahres andauernde, überraschend intensive Diskussion um die RAF-Anschläge des Jahres 1977 zeigt, dass die Geschichte der Roten Armee Fraktion noch nicht vollständig aufgearbeitet ist und viele von uns den Deutschen Herbst als anhaltendes Syndrom empfinden. Deshalb möchte ich Ihnen diese schrecklichen Tage zwischen der Entführung Hanns Martin Schleyers am 5. September 1977 und seiner Ermordung am 18. Oktober 1977 nochmals vor Augen führen und darlegen, wie unsere Justiz den gesamten Schleyer-Komplex strafrechtlich bearbeitet hat.

Die Tatereignisse

Am 5. September 1977 gegen 17.30 Uhr begann in Köln die Schleyer-Entführung. Mehrere RAF-Täter bereiteten der Fahrzeugkolonne von Hanns Martin Schleyer einen Hinterhalt, indem sie mit einem Auto quer auf die Fahrbahn stießen und so den Pkw Schleyers und das mit drei jungen Polizeibeamten besetzte Fahrzeug des Begleitschutzes zum Anhalten zwangen. Sofort wurden die Insassen mit Schnellfeuergewehren unter Beschuss genommen, wobei die Täter fast 120 Schüsse abgaben. Heinz Marcisz, der als Schleyers Fahrer unbewaffnet war, und die Polizeibeamten Helmut Ulmer, Reinhold Brändle und Roland Pieler hatten gegen diesen Angriff keine Chance. Zwar konnten Ulmer und Pieler ihr Fahrzeug noch verlassen und auch zurückschießen, jedoch waren sie bereits tödlich verletzt und trafen die Angreifer nicht. Hanns Martin Schleyer hingegen blieb unverletzt und wurde von den Attentätern in einem VW-Bus verschleppt. Als die Rettungskräfte am Tatort eintrafen, waren Marcisz, Ulmer, Brändle und Pieler bereits tot.

Hier möchte ich daran erinnern, dass dem RAF-Terror nicht nur Prominente zum Opfer gefallen sind, sondern auch zahlreiche weniger bekannte Personen, etwa Polizeibeamte, die als Begleitschutz eingesetzt waren oder Terroristen festnehmen wollten. Häufig erlebe ich, wie sehr gerade auch die Angehörigen solcher fast unbekannter Opfer bis heute leiden. So bin ich immer wieder dem Vater und der Schwester von Helmut Ulmer begegnet, für die es nahezu unerträglich ist, einerseits ihren Sohn bzw. Bruder verloren zu haben und andererseits miterleben zu müssen, wie Täter, die solches Leid verursacht haben, trotz ihrer Verurteilung zu einer lebenslangen Freiheitsstrafe wieder auf freien Fuß kommen.

Die Entführer Hanns Martin Schleyers ermorden am 5. September 1977 dessen Fahrer und seine drei Begleiter.

Der »Deutsche Herbst« aus heutiger Sicht 105

Bereits am 6. September 1977 machten die Schleyer-Entführer in einem zweiseitigen Schreiben ihre Forderungen geltend: die Freilassung von elf inhaftierten Gesinnungsgenossen – darunter die in Stammheim inhaftierten RAF-Mitglieder Andreas Baader, Gudrun Ensslin, Jan-Carl Raspe und Irmgard Möller – sowie die Zahlung von je 100 000 DM an jeden dieser Häftlinge.

Anders als bei der Lorenz-Entführung[1] entschied sich der Große Politische Beratungskreis um Bundeskanzler Helmut Schmidt dieses Mal dafür, sich nicht erpressen zu lassen. Diese Grundsatzentscheidung geschah völlig zu Recht, weil ein Staat sich nicht erpressen lassen darf, wird er doch sonst permanent erpressbar. Diese Entscheidung stand auch in der Tradition einer Geheimen Instruktion des preußischen Königs Friedrich des Großen, der bereits im Jahr 1757 angeordnet hatte: »Wenn ich das Unglück haben sollte, vom Feinde gefangen genommen zu werden, ... will ich, dass man weder eine Provinz noch ein Lösegeld für mich anbietet, ganz als wenn ich niemals auf der Welt gewesen wäre.«

Entsprechend arbeitete die Bundesregierung auf Zeit, um Hanns Martin Schleyer finden und lebend befreien zu können. Zu diesem Zweck wurden laufend neue Lebenszeichen von Schleyer gefordert. In dieser Phase boten aber mit den Kidnappern befreundete Palästinenser in Bagdad an, die Entführung mit einer zusätzlichen bereits vollständig organisierten Aktion zu unterstützen. Hierfür schlugen sie vor, entweder die Deutsche Botschaft in Kuwait zu besetzen oder ein Flugzeug zu entführen. Die RAF-Chefin Brigitte Mohnhaupt entschied sich für die Flugzeugentführung.

So begaben sich am 13. Oktober 1977 vier junge Palästinenser – zwei Frauen und zwei Männer – in Palma de Mallorca an Bord der Lufthansa-Maschine »Landshut«. Da sie nicht kontrolliert wurden, fiel nicht auf, dass sie Pistolen, Handgranaten und Sprengstoff bei sich trugen. An Bord befanden sich neben den Entführern und fünf Besatzungsmitgliedern insgesamt 82 Urlauber, darunter fünf Kinder, die nach Frankfurt fliegen wollten. Als sich die Maschine in Höhe von Marseille befand, machten die Entführer ernst. Sie zwangen den Kapitän, Ostkurs aufzunehmen und in Rom zu landen. Dort wiederholten die Terroristen die Forderungen der Schleyer-Entführer und verlangten zusätzlich die Freilassung von zwei in der Türkei inhaftierten Palästinensern sowie die Zahlung von 15 Millionen US-Dollar, die in einer schriftlich festgelegten Stückelung von Hanns-Eberhard Schleyer, dem Sohn Hanns Martin Schleyers, überbracht werden sollten.

Anschließend flog die »Landshut« weiter Richtung Osten. Im Inneren der Maschine herrschten unerträgliche Zustände: Da die Klimaanlage ausfiel, stieg die Temperatur auf etwa 60 Grad Celsius. Die Passagiere mussten ihre Notdurft auf den Sitzen verrichten und wurden laufend mit der Erschießung bedroht, etwa weil einige von ihnen im Besitz von Montblanc-Schreibgeräten waren, deren Markenzeichen, ein Stern, von den Entführern als jüdischer Davidstern angesehen wurde. Wenn irgendetwas nicht nach dem Plan der Täter verlief, etwa das Flugzeug nicht schnell genug aufgetankt wurde, stellten die Terroristen eine 19 Jahre alte Deutsche, die als Erste sterben sollte, an die offene Flugzeugtüre und bedrohten sie mit einer Pistole an der Schläfe. Verschiedene für eine Landung der »Landshut« in Betracht kommende Länder versuchten dies derweil zu verhindern, indem nachts die Positionslichter gelöscht und die Landebahnen tagsüber mit Last- und Tankwagen blockiert wurden. So musste die Maschine am 16. Oktober 1977 wegen akutem Treibstoffmangel im jemenitischen Aden im Wüstensand neben der Rollbahn landen. Diese lebensgefährliche Aktion glückte, ohne dass es Verletzte gab.

Wegen dieser Notlandung wurde Flugkapitän Jürgen Schumann erlaubt, die Flugtauglichkeit der Maschine von außen zu überprüfen. Da er entgegen des Befehls nicht sofort wieder in das Flugzeug zurückkehrte, teilte der Anführer Zohair Youssif Akache den Passagieren mit, man habe dem Tower mit der Sprengung der »Landshut« gedroht, falls Schumann nicht wiederkomme. Außerdem sei Schumanns Erschießung bereits entschieden. Wer von den Passagieren bei der Exekution wegschaue oder schreie, der werde ebenfalls umgebracht. Als der Pilot nach einiger Zeit in die Maschine zurückkehrte, musste er sich vor dem Anführer niederknien. Akache fragte ihn noch: »Are you quilty or not quilty?«, schoss dann aber Schumann sofort ins Gesicht. Der fiel tot um. Seine Leiche ließen die Entführer über Stunden hinweg im Mittelgang liegen, bis sich Verwesungsgeruch bemerkbar machte und man die Leiche in einen Schrank stellte.

Zuletzt landete die »Landshut« am 17. Oktober 1977 in Mogadischu/Somalia. Ihr war die ganze Zeit eine Bundeswehrmaschine gefolgt, die mit Männern der Grenzschutzgruppe 9 besetzt war. Diese Spezialeinheit war für Einsätze bei Flugzeugentführungen gegründet und ausgebildet worden. Staatsminister Hans-Jürgen Wischnewski, wegen seiner guten Arabien-Kontakte auch »Ben Wisch« genannt, erhielt vom somalischen Präsidenten die Genehmigung für einen Einsatz der GSG 9. Am 18. Oktober 1977 um 0.05 Uhr begann auf das Stichwort »Feuerzauber« die Befreiungsaktion. Unter Verwendung von Blend- und Geräuschgranaten, die die Entführer vorübergehend lähmten, drangen die Männer der GSG 9 in die Maschine ein und beschossen die Geiselnehmer. Drei der vier Palästinenser starben, die vierte, Souhaila Andrawes Sayeh, überlebte schwer verletzt und wurde später zu einer zwölfjährigen Freiheitsstrafe verurteilt. Unter den Geiseln und ihren Befreiern erlitt dagegen niemand größere Verletzungen. Um 0.12 Uhr meldete Minister Wischnewski dem Bundeskanzler telefonisch: »Die Arbeit ist erledigt!« Kurz darauf berichtete die Nachrichtenagentur *dpa* von der erfolgreichen Befreiungsaktion in Mogadischu. Ich war sicher nicht der Einzige, der seinerzeit befreit aufatmete.

Dieses Gefühl hielt jedoch nicht lange an. Als am nächsten Morgen im Stammheimer Gefängnis die Zelle von Jan-Carl Raspe geöffnet wurde, saß dieser blutverschmiert mit einer Schussverletzung am Kopf auf seiner Matratze. Neben ihm lag eine Pistole. Er hatte eine Einschussstelle in der Schläfe, lebte aber noch. Jedoch verstarb er, bevor er operiert werden konnte. Als man die Zelle von Andreas Baader aufmachte, lag der bereits tot in einer Blutlache auf dem Boden. Auch er hatte eine Pistole neben sich. Sein Kopf wies eine Einschusswunde im Nackenbereich auf. Gudrun Ensslin fand man bei der anschließenden Überprüfung ihrer Zelle erhängt am Gitter ihres Fensters. Irmgard Möller überlebte schwer verletzt. Sofort behaupteten Sympathisanten, aber auch Verteidiger der Terroristen, »die Stammheimer« seien vom Staat ermordet worden.

Natürlich hielten wir seinerzeit alle die Luft an, was nun mit Hanns Martin Schleyer geschehen würde. Am Nachmittag des 19. Oktober 1977 erhielt *dpa* in Stuttgart einen Anruf, in dem es unter anderem hieß: »wir haben nach 43 tagen hanns-martin schleyers klägliche und korrupte existenz beendet. herr schmidt … kann ihn in der rue charles pequy in muhlhouse in einem grünen audi 100 mit bad homburger kennzeichen abholen.« Tatsächlich entdeckte die Polizei dieses Fahrzeug an der besagten Stelle. Als man den Kofferraum öffnete, fand man Schleyers Leiche, dessen Kopf drei Einschüsse aufwies. Er war schon seit Stunden tot.

Die Arbeit der Strafverfolgungsbehörden

Ein wichtiger Bestandteil der Arbeit der Ermittlungsbehörden war seinerzeit vor allem auch die Aufklärung der Stammheimer Todesfälle. Daran war auch ich als Mitarbeiter der hierfür zuständigen Staatsanwaltschaft Stuttgart beteiligt. Die Leichenschau sowie die Obduktion, zu der gezielt auch ausländische Spezialisten hinzugezogen wurden und der auch die Verteidiger beiwohnen konnten, ergaben nach der übereinstimmenden Auffassung aller Sachverständigen, dass sich Baader, Ensslin und Raspe selbst getötet hatten. Das Todesermittlungsverfahren wurde im Frühjahr 1978 eingestellt, weil keine Zweifel mehr daran bestanden, dass die drei RAF-Mitglieder Selbstmord begangen hatten. Gleichwohl wurde in der linken Szene und von Rechtsanwälten der Mordvorwurf immer weiter vertreten. Dass diese unwahre Behauptung junge Leute in die Arme der RAF getrieben hat, habe ich mehrfach bei Vernehmungen hören müssen. Speziell ein Beschuldigter sagte später unter Tränen aus, dass er nur deshalb zu den »Illegalen« der RAF in den Untergrund gegangen sei, weil er die von Rechtsanwälten aufgestellte Behauptung geglaubt habe. Dass man dies auch in der Öffentlichkeit teilweise für möglich hielt, habe ich im Sommer 1978 selbst erlebt, als Franzosen mir mit der sinngemäßen Bemerkung anerkennend auf die Schulter klopften: Das habt Ihr toll gemacht, wie Ihr die Gefangenen beseitigt habt! Eine solche Behauptung ist für einen Staat, der gegenüber jedem Gefangenen eine Fürsorgepflicht hat, einer der schlimmsten Vorwürfe, den man in meinen Augen erheben kann.

Unklar, ja unvorstellbar war zunächst, wie Waffen in das Stammheimer Gefängnis und dann auch noch in die Zellen von Terroristen gelangen konnten. Noch im Herbst 1977 klärte sich diese Frage aber durch Aussagen der RAF-Kuriere Volker Speitel und Hans-Joachim Dellwo auf, die als Mitarbeiter der Stuttgarter Anwaltskanzlei von Klaus Croissant, Armin Newerla und Arndt Müller für den Schmuggel von Kassibern und anderen Gegenständen zwischen den RAF-Häftlingen und den im Untergrund lebenden »Illegalen« zuständig waren. Volker Speitel gab an, er habe jene später bei den Leichen von Baader und Raspe gefundenen Waffen beschafft, zerlegt und in Ermittlungsordner eingebaut, indem er die Akten so aushöhlte, dass die Waffenteile genau hinein passten. Die so präparierten Ordner habe Rechtsanwalt Müller in das Prozessgebäude nach Stammheim mitgenommen, wobei klar war, dass der Schmuggel von Waffenteilen nicht bemerkt würde. Die kontrollierenden Polizeibeamten durften nämlich keine Kenntnis von den Unterlagen der Verteidiger nehmen, weshalb sie die Ordner nur grob durch die Finger laufen ließen, denn Durchleuchtungsgeräte gab es damals noch nicht. Im Prozessgebäude wurden die so präparierten Ordner mit denen der Angeklagten ausgetauscht, so dass die Waffenteile mit den Beschuldigten in das Gefängnis gelangten. In zwei rechtskräftigen Urteilen hat das Oberlandesgericht Stuttgart deshalb die beteiligten Kuriere Speitel und Dellwo sowie die Rechtsanwälte Müller und Newerla zu mehrjährigen Freiheitsstrafen verurteilt.

Im Rahmen der Ermittlungen wurde aber auch eine schreckliche Fahndungspanne aufgedeckt: Bei der Suche nach Hanns Martin Schleyer und seinen Entführern erhielt die örtliche Polizei bereits am 7. September 1977 einen konkreten Hinweis auf jene Wohnung in einem Hochhaus in Erftstadt-Liblar, in der Schleyer die ersten zehn Tage gefangen gehalten wurde. Zuständig für einen polizeilichen Zugriff war jedoch allein die Sonderkommission des Bundeskriminalamts in Wiesbaden, wo der Hinweis aber nie ankam. Wer sich die Befreiungsaktion von Mogadischu vor Augen führt, der hat, ebenso wie ich, keinen Zweifel daran, dass Hanns Martin Schleyer aus dieser Wohnung lebend befreit worden wäre.

Zu berichten ist aber auch von Fahndungserfolgen, wobei ich mich im Folgenden auf die für den Deutschen Herbst wichtigsten RAF-Mitglieder beschränke:

Stefan Wisniewski wurde im Mai 1978 am Flughafen Paris-Orly verhaftet und nach Deutschland ausgeliefert. Gegen ihn bestand ein Haftbefehl wegen Beteiligung an der Entführung und Ermordung Schleyers, weil er im Auftrag der Entführer beim Vorzimmer von Eberhard von Brauchitsch, einem Freund Schleyers, angerufen hatte und die Sekretärin so besonnen war, dieses Gespräch auf Tonband aufzuzeichnen. Da man Stimmen nahezu wie Fingerabdrücke zuordnen kann, konnte Wisniewski als erstes RAF-Mitglied wegen Beteiligung an der Schleyer-Aktion zu einer lebenslangen Freiheitsstrafe verurteilt werden.

Rolf Clemens Wagner wurde im November 1979 nach einem Bankraub in Zürich verhaftet. Nach seiner Verurteilung lieferten ihn die Schweizer Behörden an die Bundesrepublik aus, wo er wegen seiner Teilnahme an der Entführung und Ermordung Hanns Martin Schleyers ebenfalls mit lebenslangem Freiheitsentzug bestraft wurde. Auch zu seinem Urteil trug eine Stimmprobe bei, weil Wagner die Übergabe der geforderten 15 Millionen US-Dollar organisieren sollte und dazu mehrfach mit Hanns-Eberhard Schleyer telefoniert hatte.

Sieglinde Hofmann wurde im Mai 1980 in Paris verhaftet. Nach ihrer Auslieferung an die Bundesrepublik wurde sie wegen Beteiligung an der versuchten Entführung und der anschließenden Ermordung des Bankiers Jürgen Ponto zu einer Freiheitsstrafe von 15 Jahren verurteilt.

Peter-Jürgen Boock wurde im Januar 1981 in Hamburg verhaftet. Er war bereits im Frühjahr 1980 von der RAF geflüchtet und

Der »Deutsche Herbst« aus heutiger Sicht

hatte bis zu seiner Festnahme unter falscher Identität ein »normales Leben« geführt. Deshalb galt er als erster RAF-Aussteiger. Für die Bearbeitung des gegen ihn gerichteten Ermittlungsverfahrens war ich als Mitarbeiter der Bundesanwaltschaft zuständig. Gegenstand seines Haftbefehls waren die RAF-Attentate auf Ponto und Schleyer sowie ein versuchter Anschlag mit einem Raketenwerfer auf das Gebäude der Bundesanwaltschaft, der nur deshalb misslang, weil die Täter den Wecker nicht aufgezogen hatten, der die Zündung auslösen sollte. Bei all diesen Taten hatte Boock Fingerabdrücke hinterlassen, etwa an dem Tatfahrzeug, mit dem Hanns Martin Schleyer verschleppt wurde. Im Hinblick auf den versuchten Raketenwerferanschlag räumte Boock sofort ein, diese »Stalinorgel« entwickelt und auch vor Ort aufgebaut zu haben. Er behauptete jedoch, er habe im letzten Augenblick Mitleid bekommen und deshalb den Wecker

Ein geplantes Attentat auf die Bundesanwaltschaft schlägt 1977 fehl. Mit dem Raketenwerfer sollten 42 Raketen auf das Gebäude abgefeuert werden.

absichtlich nicht aufgezogen und so die Tat verhindert. Strafrechtlich betrachtet machte er also einen Rücktritt vom Attentatsversuch geltend. Hätte man ihm geglaubt, dann wäre eine Verurteilung wegen mehrfachen Mordversuchs nicht möglich gewesen.

Zu den von ihm stammenden Fingerabdrücken in den Fällen Ponto und Schleyer behauptete er, als Techniker der Gruppe sei er unter anderem für die Wartung der Fahrzeuge zuständig gewesen. Man habe ihn jedoch nicht eingeweiht, welchem Zweck diese dienen sollten. Von den geplanten Aktionen gegen Ponto und Schleyer habe er nichts gewusst und zum Beispiel Hanns Martin Schleyer nie gesehen und gesprochen. In den Medien wurde ihm diese Darstellung abgenommen. Dort war man außerdem der Ansicht, der Staat müsse bei einem RAF-Aussteiger ein Signal setzen, dass sich ein Abschied vom Terrorismus lohne. Gemeint war, man solle Gnade vor Recht ergehen lassen. Gleichwohl wurde Boock als Mittäter an den Anschlägen auf Ponto und Schleyer sowie auf die Bundesanwaltschaft angeklagt.

Noch vor Prozessbeginn ereignete sich jedoch Folgendes: Am Morgen des 26. Oktober 1982 wurde ich alarmiert, weil zwei Pilzsammler in der vorangegangenen Nacht in einem Wald nahe dem hessischen Heusenstamm ein Erddepot der RAF entdeckt hatten, das sich alsbald als »Pharaonengrab« erwies. In den vergrabenen Plastikbehältern wurden Waffen, Munition, Sprengstoff, gefälschte Ausweispapiere, Geld aus Banküberfällen und eine Art Archiv über Attentate der RAF gefunden. Darin zeigten zahlreiche Unterlagen, dass Hanns Martin Schleyer innerhalb der RAF »Spindy« genannt wurde. Außerdem enthielt das Lager verschlüsselte Wegbeschreibungen zu weiteren Depots der RAF. Ich habe vor Ort in Wiesbaden miterlebt, wie die Spezialisten des BKA diese Verschlüsselungen knacken und so zehn weitere Erddepots im Bundesgebiet finden konnten. Alle dieser Erdverstecke wurden fortan von der Polizei bei eisigen Temperaturen rund um die Uhr bewacht. Nach etwa drei Wochen hatte das Warten Erfolg: Am 11. November 1982 wurden die RAF-Mitglieder Brigitte Mohnhaupt und Adelheid Schulz am Zentraldepot bei Heusenstamm festgenommen, während am

16. November 1982 Christian Klar am Depot »Daphne« im Sachsenwald bei Hamburg verhaftet werden konnte.

Ein Fund aus dem Zentraldepot hatte für mich besondere Bedeutung: Es handelte sich um ein mit »Spindy-Gespräch« beschriftetes Tonband. Dies ließ den Schluss zu, dass sich »Spindy« – also Hanns Martin Schleyer – während seiner Gefangenschaft mit einem seiner Entführer unterhalten und die RAF dieses Gespräch aufgezeichnet hatte. Als das von Nebengeräuschen befreite Band im Strafverfahren gegen Peter-Jürgen Boock vorgespielt wurde, war für alle Beteiligten, die Boock während des Prozesses gehört hatten, sofort klar, dass er der eine Sprecher war. Ein kriminaltechnischer Sachverständiger wies das auch zweifelsfrei nach. Hanns-Eberhard Schleyer hatte anschließend als Zeuge im Prozess die emotional schwierige Aufgabe, seinen Vater als Boocks Gesprächspartner zu identifizieren. Aus dem Inhalt des Gesprächs, das sich um ein Lebenszeichen Schleyers drehte, wurde deutlich, dass diese Unterhaltung am 7. September 1977 – also am dritten Tag der Schleyer-Entführung – stattgefunden hatte. Nicht zuletzt aufgrund dieses Depotfundes wurde Boock zu einer lebenslangen Freiheitsstrafe verurteilt. Trotz der eindeutigen Lügereien Boocks sprachen Teile der Medien von »Rachejustiz« und »Vendetta«, also Blutrache. Man nahm ihm die Behauptung ab, an seinen Händen klebe kein Blut.

Erwähnenswert ist weiterhin, dass am 9. Juni 1989 die »Kronzeugenregelung bei terroristischen Straftätern« in Kraft trat, die bis 31. Dezember 1999 galt und es unter anderem erlaubte, bei Mord statt der in § 211 StGB vorgeschriebenen lebenslangen Freiheitsstrafe eine Strafe zwischen drei Jahren und »lebenslänglich« zu verhängen. Voraussetzung dafür war, dass der Kronzeuge andere Täter verrät oder bevorstehende Taten verhindert. Diese Kronzeugenregelung kam alsbald zur Anwendung: Nach der Maueröffnung stellte sich heraus, dass sich zehn ehemalige RAF-Mitglieder bereits Anfang der achtziger Jahre von der RAF getrennt und seither unter falscher Identität in der DDR gelebt hatten, und zwar mit Wissen der dortigen Regierung. Im Juni 1990 wurden diese RAF-Aussteiger identifiziert und verhaftet. Unter ihnen waren Silke Maier-Witt und Monika Helbing, die beide wegen Beteiligung an der Schleyer-Aktion mit Haftbefehl gesucht worden waren.

Unter diesen Aussteigern befand sich weiterhin Werner Lotze, der sich als erster und freiwillig in die Bundesrepublik überstellen ließ. Als er mir am 12. Juli 1990 zur Vernehmung vorgeführt wurde, bestand gegen ihn nur ein Haftbefehl wegen Mittäterschaft an zwei Banküberfällen. Unter Tränen schilderte er mir aber gleich zu Beginn, dass er jener RAF-Mann sei, der im September 1978 in einem Wald bei Dortmund einen Polizeibeamten durch einen Schuss in den Rücken umgebracht[2] und einen zweiten Polizeibeamten durch weitere Schüsse schwer verletzt hatte. Das wussten wir nicht, und hätten es ihm wohl auch nie nachweisen können. In seiner anschließenden Aussage gab Lotze weitere Straftaten zu. Er verriet alle Tatbeteiligten an Anschlägen der RAF zwischen 1978 und 1980. Obwohl Lotze erst nach der Schleyer-Entführung zur RAF gestoßen war, konnte er, wie später auch die RAF-Frauen Susanne Albrecht und Monika Helbing, berichten, innerhalb der RAF sei unstreitig gewesen, dass es sich bei den Todesfällen vom 18. Oktober 1977 in Stammheim um eine »suicide action«[3] handelte. Aufgrund dieser umfassenden Aussagen kam Werner Lotze als erster RAF-Angehöriger in den Genuss der Kronzeugenregelung. Er wurde trotz eines vollendeten Mordes und mehrerer Mordversuche zu einer Freiheitsstrafe von nur elf Jahren verurteilt, wobei bereits zum Zeitpunkt der Urteilsverkündung klar war, dass er im Hinblick auf seinen fast zehnjährigen Aufenthalt in der DDR ausreichend resozialisiert war und deshalb bereits nach Verbüßung der Hälfte der verhängten Strafe entlassen werden würde. Nach den umfassenden Aussagen Lotzes äußerten sich auch die übrigen »DDR-Aussteiger«. Dabei wurde deutlich, dass der RAF zum Zeitpunkt der Schleyer-Entführung exakt 20 Personen – nämlich elf Frauen und neun Männer[4] – angehörten, die alle mehr oder weniger in diese Aktion eingebunden waren. Offen blieb aber, wer an der unmittelbaren Entführung mitgewirkt hatte und von wem Hanns Martin Schleyer erschossen worden war.

In dieser Situation ereignete sich etwas Überraschendes: Als ich Peter-Jürgen Boock am 24. März 1992 in der Justizvollzugsanstalt

Fuhlsbüttel als Zeugen zu seiner früheren Freundin Angelika Speitel und deren möglicher Beteiligung an der Schleyer-Entführung befragte, erklärte er mir: »Angelika Speitel war an der unmittelbaren Entführung in Köln nicht beteiligt. Das kann ich sicher sagen, weil ich selbst in Köln dabei war.« In den folgenden Wochen kam es zu einer umfassenden Aussage, die später in den Medien als »Boocks Lebensbeichte« bezeichnet wurde.[5] Allerdings weigerte sich Boock seinerzeit, einzelne RAF-Mitglieder, Verstorbene ausgenommen, namentlich zu nennen. So bezeichnete er diese Personen nur mit Buchstaben.

Zum Tatgeschehen am 5. September 1977 in Köln erklärte Boock, dass der Anschlag von vier Tätern verübt worden sei, nämlich drei Männern und einer Frau, die er mit den Buchstaben A bis D bezeichnete. »A« sei er selbst gewesen. Bei »C« handele es sich um Willy-Peter Stoll, der 1979 bei einer versuchten Festnahme erschossen worden war. Nachdem Boock auf meine Fragen neben Frau Speitel zusätzliche RAF-Angehörige ausgeschlossen hatte, erklärte er plötzlich, er sei nicht bereit, weitere Personen auszuschließen, da er bei dieser Vorgehensweise – die er als »Subtraktionsverfahren« bezeichnete – letztlich doch zum Verräter würde. Zu diesem Zeitpunkt war aber aufgrund seiner Angaben sowie der Aussagen der »DDR-Aussteiger« bereits klar, wo sich welches RAF-Mitglied am 5. September 1977 aufhielt. Daraus ergab sich, dass es sich bei der von Boock mit »B« angeführten Mittäterin um Sieglinde Hofmann handeln musste, die dann vom Oberlandesgericht Stuttgart auch als Schleyer-Entführerin zu einer lebenslangen Freiheitsstrafe verurteilt wurde. Schließlich konnte aus diesen Aussagen mit Sicherheit darauf geschlossen werden, dass Stefan Wisniewski die Person »D« war.

Zum Mord an Hanns Martin Schleyer erklärte Boock 1992, der RAF-Mann »G« habe ihm erzählt, er persönlich habe Schleyer erschossen, und zwar in Anwesenheit der Person »D«, die bereits an der Entführung in Köln unmittelbar mitgewirkt hatte und als Wisniewski identifiziert worden war. Die Person »G« konnte zunächst keinem bestimmten RAF-Mitglied zugeordnet werden. Im Sommer 2007 erklärte Boock aber entgegen seiner ursprünglichen Position, nicht Verräter werden zu wollen, bei den letzten beiden Begleitern Schleyers handele es sich um Rolf Heißler und Stefan Wisniewski, die auch beide auf Hanns Martin Schleyer geschossen hätten. Allerdings betonte Boock sofort, er sei nur Zeuge vom Hörensagen. Jedenfalls hat die Bundesanwaltschaft aufgrund dieser neuen Angaben ein Ermittlungsverfahren gegen Heißler eingeleitet, der bis dahin im Blick auf die Schleyer-Aktion noch nicht als Verdächtiger galt.

Damit komme ich zum Ergebnis der strafrechtlichen Aufarbeitung der Schleyer-Entführung, wobei ich auch einen gewissen Stolz auf die Arbeit der Ermittlungsbehörden nicht verheimlichen will. Heute wissen wir, dass der RAF im September/Oktober 1977 genau 20 im Untergrund lebende Mitglieder angehörten. Von diesen 20 Personen sind mit einer Ausnahme alle verhaftet bzw. beim Versuch ihrer Festnahme erschossen worden: Zu Tode gekommen sind zwei RAF-Angehörige.[6] 17 RAF-Mitglieder wurden verhaftet.[7] Elf von ihnen wurden zu lebenslangen Freiheitsstrafen verurteilt.[8] Die übrigen sechs erhielten, teilweise als Kronzeugen, Freiheitsstrafen zwischen sieben und 15 Jahren. Friederike Krabbe ist die Einzige dieser 20 Personen, die noch mit Haftbefehl gesucht wird.

Die Strafvollstreckung

Die meisten der 17 Verurteilten sind im Laufe der Jahre wieder auf freien Fuß gekommen, wobei die sogenannte Kinkel-Initiative eine nicht unwesentliche Rolle spielte: Am 6. Januar 1992 sprach sich der damalige Bundesjustizminister Klaus Kinkel dafür aus, dass der Staat auch bei zu lebenslanger Haft verurteilten Terroristen, »dort, wo es angebracht ist, zur Versöhnung (also zu Haftentlassungen) bereit sein müsse«. Voraussetzung für eine solche gerichtliche Strafaussetzung auf Bewährung bei lebenslangen Freiheitsstrafen sind vor allem zwei Umstände: Zum einen muss die vom Gericht im Einzelfall festgesetzte Mindestverbüßungszeit, die sich an der Schwere der Schuld des Verurteilten orientiert, abgelaufen sein. So hat das Oberlandesgericht Stuttgart entschieden, dass Brigitte Mohnhaupt mindestens 24 Jahre und Christian Klar zumindest 26 Jahre verbüßen müssen. Zum anderen darf der Verurteilte keine Gefahr mehr für die Allgemeinheit darstellen. Da Brigitte Mohnhaupt aus der Sicht von Sachverständigen, der Bundesanwaltschaft und des Gerichts nicht mehr als gefährlich einzustufen ist, wurde sie zurecht vom Oberlandesgericht Stuttgart am 25. März 2007 auf Bewährung aus der Haft entlassen. Bei Christian Klar steht aus heutiger Sicht eine gerichtliche Haftentlassung zum 3. Januar 2009 an, falls er ebenfalls nicht mehr als gefährlich angesehen werden sollte.

Neben einer solchen Haftentlassung auf justiziellem Weg kommt auch eine Entlassung durch einen Gnadenakt des Bundespräsidenten in Betracht, wie sie Christian Klar beantragt hat. Dabei gelten in Anlehnung an die Gnadenordnungen der Bundesländer folgende Grundsätze und Empfehlungen:

- Der Gnadenakt ist keine justizförmige, sondern eine politische Entscheidung (»Gnade vor Recht«), die allein vom dafür Zuständigen, das ist bei Terroristen der Bundespräsident, zu verantworten ist.
- Die Begnadigung soll auf das Gerechtigkeits- und Billigkeitsempfinden sowie auf die Gnadenwürdigkeit und Gnadenbedürftigkeit Rücksicht nehmen.
- Schließlich soll der Gnadenakt das verhängte Urteil nicht aushöhlen.

Daraus folgt: »Die gnadenweise Aussetzung von Strafen kommt grundsätzlich nur dann in Betracht, wenn besondere Umstände vorliegen, die erst nachträglich bekannt geworden oder eingetreten sind und nicht mehr bei der gerichtlichen Entscheidung berücksichtigt werden konnten oder die so außergewöhnlich sind, dass sie eine über die gesetzliche Aussetzungsvorschriften hinausgehende Vergünstigung angezeigt erscheinen lassen.«[9] Da derartige Ausnahmen bei Christian Klar auch nicht ansatzweise zu erkennen waren, hat ihn Bundespräsident Horst Köhler zu Recht nicht begnadigt. Aktuell befinden sich nur noch zwei RAF-Mitglieder in Haft, nämlich

Christian Klar als einziger Tatbeteiligter der Schleyer-Entführung (seit 16. November 1982) sowie Birgit Hogefeld (seit ihrer Festnahme in Bad Kleinen am 27. Juni 1993).

Das Ende der RAF

Die Kinkel-Initiative, politische Veränderungen wie der Fall der Berliner Mauer, aber nach meiner Überzeugung auch die Anwendung der Kronzeugenregelung, die das Verschwiegenheitsgelübde der RAF durchbrach, trugen dazu bei, dass die noch in Freiheit befindlichen RAF-Mitglieder in einem Brief vom 20. April 1998 das Ende ihres »bewaffneten Kampfes« erklärten. Im Auflösungsschreiben der RAF hieß es einleitend: »Vor fast 28 Jahren am 14. Mai 1970 entstand in einer Befreiungsaktion[10] die RAF. Heute beenden wir dieses Projekt. Die Stadtguerilla in Form der RAF ist nun Geschichte.«[11]

Ein kurzes Fazit

Die RAF ist gescheitert. Sie hat ihr Ziel, das in der Bundesrepublik herrschende politische System durch Terrorakte zu stürzen, auch nicht annähernd erreicht. Wesentlich erscheint mir dabei folgende Erkenntnis, gerade auch im Hinblick auf den drohenden islamistischen Terrorismus: Unser Staat hat sich nie auf den von der RAF einseitig erklärten »Krieg« eingelassen. Durch die justizielle Aufarbeitung in den zahlreichen Gerichtsverfahren der vergangenen Jahre wurden die Aktionen der terroristischen Vereinigung vielmehr zurecht darauf reduziert, was sie strafrechtlich darstellten: Verbrechen. Aus diesem Grund ist es wichtig, dass RAF-Terroristen auch in der Frage der Haftentlassung keine Sonderbehandlung erfahren. Es ist zu hoffen, dass wir diesen souveränen Umgang mit terroristischen Straftätern auch dann beibehalten, falls bei einem islamistischen Attentat in der Bundesrepublik zahllose Menschen zu Tode kommen sollten.

Anhang

Anmerkungen

Der deutsche Terrorismus im »roten Jahrzehnt« – seine Symphatisanten und Opfer (Friedrich Pohlmann)

1 Horkheimer, Max, Die Juden in Europa, in: Ders., Autoritärer Staat, Amsterdam 1967.
2 Vgl. Koenen, Gerd, Das rote Jahrzehnt: unsere kleine deutsche Kulturrevolution, Köln 2001.
3 Vgl. Bundesministerium des Inneren (Hg.), Analysen zum Terrorismus, 4 Bände, Opladen 1981–1984.
4 Vgl. Koenen, Gerd a.a.O.; vgl. auch: Aly, Götz, Unser Kampf. 1968 – ein irritierter Blick zurück, Frankfurt a. M. 2008.
5 Vgl. Adorno, Theodor W./ Horkheimer, Max, Dialektik der Aufklärung: Philosophische Fragmente, Frankfurt a. M. 1969.
6 Vgl. Fritzen, Florentine, Die Berliner »Kommunen«: Träger einer Kulturrevolution von 1968?, in: Bavaj, Riccardo/ Fritzen, Florentine (Hg.), Deutschland – ein Land ohne revolutionäre Traditionen? Revolutionen im Deutschland des 19. und 20. Jahrhunderts im Lichte neuerer geistes- und kulturgeschichtlicher Erkenntnisse, Frankfurt a. M. u. a. 2005, S. 137–157; Vgl. für die Erinnerungen eines der Kommunarden: Enzensberger, Ulrich, Die Jahre der Kommune I, Berlin 1967–1969, Köln 2004.
7 Vgl. Flugblatt Nr. 8, abgedruckt in: Langhans, Rainer/ Teufel, Fritz, Klau mich, unveränderte Neuauflage, München 1977, o. S.
8 Vgl. Siegfried, Detlef, Time Is on My Side. Konsum und Politik in der westdeutschen Jugendkultur der 60er Jahre, Göttingen 2006, S. 512.
9 Vgl. zu Reaktionen auf den Anschlag: Siegfried, Detlef a.a.O., S. 514.
10 Vgl. hierzu: Soukup, Uwe, Wie starb Benno Ohnesorg? der 2. Juni 1967, Berlin 2007.
11 Vgl. zu Rudi Dutschkes Wahrnehmung der politischen Situation: Kailitz, Susanne, Von den Worten zu den Waffen? Frankfurter Schule, Studentenbewegung, RAF und die Gewaltfrage, Wiesbaden 2007.
12 Vgl. Aly, Götz a.a.O., S. 195–203.
13 Vgl. Vesper, Bernward, Die Reise: Romanessay, nach dem unvollendeten Manuskript herausgegeben und neu durchgesehen von Jörg Schröder, Erftstadt 2005.

14 Vgl. Die Aktion des »Schwarzen September« in München. Zur Strategie des Antiimperialistischen Kampfes, in: Hoffmann, Martin (Bearb.), Rote-Armee-Fraktion. Texte und Materialien zur Geschichte der RAF, Berlin 1997, S. 151.
15 Vgl. dazu Messmer, Matthias, Sowjetischer und postkommunistischer Antisemitismus: Entwicklungen in Russland, der Ukraine und Litauen, Konstanz 1997.
16 Ulrike Meinhof, zitiert nach: Ditfurth, Jutta, Ulrike Meinhof. Die Biografie, Berlin 2007, S. 287.

Das Bild der RAF-Opfer in der Berichterstattung (Werner Birkenmaier)

1 Vgl. Siemens, Anne, Für die RAF war er das System, für mich der Vater. Die andere Geschichte des deutschen Terrorismus. München 2007.
2 Ponto, Corinna, in: Siemens, Anne a.a.O., S. 119.
3 Vgl. den Beitrag von Michael Buback in diesem Band.
4 »Nicht in die TV-Show!«, Interview mit Jan Philipp Reemtsma, in: Die Zeit vom 16. November 2006.
5 Most, Johannes, in: Freiheit vom 13. September 1884, zitiert nach: Laqueur, Walter, The Terrorism Reader, New York 1978, S. 100.
6 von Mirbach, Christa, in: Siemens, Anne a.a.O., S. 61.
7 »Die RAF hat die Medien benutzt«, Interview mit Klaus Bölling, in: Die Tageszeitung vom 14. April 2007.
8 »Ich bin in Schuld verstrickt«, Interview mit Helmut Schmidt, in: Die Zeit vom 30. August 2007.
9 Annemarie Eckardt äußerte sich so in dem Fernsehfilm von Anne Siemens und Henning Rütten »Wer gab euch das Recht zu morden? – Die Geschichte der RAF-Opfer«.

Täter – Opfer – Versöhnung (Horst-Eberhard Richter)

1 Vgl. Richter, Horst-Eberhard, Eltern, Kind und Neurose: Psychoanalyse der kindlichen Rolle, ungekürzte Lizenzausgabe nach der 2. Aufl., Reinbek bei Hamburg 1995.
2 Abgedruckt in: Enzensberger, Hans Magnus, Klare Entscheidungen und trübe Aussichten (1967), in: Schickel, Joachim (Hg.), Über Hans Magnus Enzensberger, Frankfurt a. M. 1970.

3 Zitiert nach: Aust, Stefan, Der Baader Meinhof Komplex, Erweiterte und aktualisierte Ausgabe, Hamburg 1997, S. 78.
4 Vgl. Richter, Horst-Eberhard, Wer nicht leiden will muss hassen: zur Epidemie der Gewalt, Hamburg 1993.
5 Abgedruckt in: von Braunmühl, Carlchristian, Erfahrung von Gewalt – ein Anschlag der RAF und ein Versuch von Angehörigen darauf zu reagieren, in: Wirth, Hans-Jürgen (Hg.), Hitlers Enkel – oder Kinder der Demokratie? Die 68er-Generation, die RAF und die Fischer-Debatte, Gießen 2001.
6 Frisch, Max, Wie unschuldig sind wir?, abgedruckt in: Wagenbach, Klaus u.a. (Hg.), Vaterland, Muttersprache. Deutsche Schriftsteller und ihr Staat seit 1945, Berlin 1994.
7 Elias, Norbert, Zivilisation und Gewalt. Über das Staatsmonopol der körperlichen Gewalt und seine Durchbrechungen, in: Matthes, Joachim (Hg.), Lebenswelt und soziale Probleme. Verhandlungen des 20. Deutschen Soziologentages zu Bremen 1980, Frankfurt a. M. 1981.
8 von Weizsäcker, Carl Friedrich, Friedlosigkeit als seelische Krankheit (1967), in: Ders. (Hg.), Der bedrohte Friede: politische Aufsätze 1945–1981, München 1983.
9 Richter, Horst-Eberhard, Das Unbehagen am »Deutschen Herbst«, zur Verarbeitung der RAF-Geschichte aus psychoanalytischer Sicht, in: Kongressbericht von der Tagung der Deutschen Psychoanalytischen Vereinigung, 21.–24.11.2007.

Gnade und Recht (Michael Buback)

1 Vgl. Buback, Michael, Fremde, ferne Mörder, in: Süddeutsche Zeitung vom 24. Januar 2007.
2 Vgl. Buback, Michael, Gnade für Klar, in: Süddeutsche Zeitung vom 18. April 2007.
3 Vgl. »Wisniewski soll Buback-Mörder sein«, in: Der Spiegel vom 21. April 2007.
4 Vgl. »Wir betreiben keine Willkür«, in: Der Spiegel vom 26. Mai 2007.
5 Vgl. ebd.
6 Vgl. »Wie ein böser Traum«, Interview mit Michael Buback, in: Der Spiegel vom 23. Juli 2007.
7 Geregelt wird das durch den Freedom Information Act.

*Politisch motivierte Gewalt und die Schwierigkeiten des Bereuens
– die RAF, ihre Opfer und das Strafrecht (Oliver Tolmein)*

1 Vgl. Luhmann, Niklas, Legitimation durch Verfahren, 6. Aufl., Frankfurt a. M. 1969,
2 von Mirbach, Clais, in: Siemens, Anne, Für die RAF war er das System, für mich der Vater, München 2007, S. 68.
3 Hillegaart, Viveka, in: Siemens, Anne a. a. O., S. 84.
4 »Sie hätte ihr Leben verneinen müssen«, Interview mit Siegfried Fleiner, in: Die Tageszeitung vom 27. März 2007.
5 Hierzu sei auf den in diesem Band abgedruckten Beitrag »Gnade und Recht« von Michael Buback verwiesen, sowie auf dessen gerade erschienenes Buch »Der zweite Tod meines Vaters«.

Der »Deutsche Herbst« aus heutiger Sicht« (Klaus Pflieger)

1 Peter Lorenz war am 27. Februar 1975 in Berlin von Mitgliedern der Terrorgruppe »Bewegung 2. Juni« entführt und nach der Entlassung von fünf inhaftierten Terroristen freigelassen worden.
2 Gemeint ist die Ermordung von Hans-Wilhelm Hansen.
3 Eine gezielte Selbstmordaktion.
4 Susanne Albrecht, Peter-Jürgen Boock, Elisabeth von Dyck, Knut Folkerts, Rolf Heißler, Monika Helbing, Sieglinde Hofmann, Christian Klar, Friederike Krabbe, Christine Kuby, Silke Maier-Witt, Brigitte Mohnhaupt, Gert Schneider, Adelheid Schulz, Angelika Speitel, Sigrid Sternebeck, Willy-Peter Stoll, Christof Wackernagel, Rolf Clemens Wagner und Stefan Wisniewski
5 »Boocks Lebensbeichte« lautete beispielsweise ein Titel des *Spiegel* vom 9. November 1992.
6 Willy-Peter Stoll und Elisabeth von Dyck.
7 Folkerts, Wackernagel und Schneider 1977, Kuby, Wisniewski und Speitel 1978, Heißler und Wagner 1979, Hofmann 1980, Boock 1982, Mohnhaupt, Schulz und Klar 1982, Albrecht, Helbing, Maier-Witt und Sternebeck 1990.
8 Wisniewski, Boock, Wagner, Schulz, Mohnhaupt, Klar, Heißler, Hofmann, Folkerts, Speitel und Kuby.
9 Vgl. etwa §§ 3 und 26 der Anordnung des Justizministeriums Baden-Württemberg über das Verfahren in Gnadensachen (Gnadenordnung) vom 20. September 2001.

10 Gemeint ist die gewaltsame Befreiung von Andreas Baader aus dem Gefängnis.
11 Abgedruckt wurde die Auflösungserklärung u. a. in: Burdich, Manfred (Hg.), Die Erklärungen der RAF, Münster 2005, S. 249–272.

Liste der Opfer der RAF und der »Bewegung 2. Juni«

Norbert Schmidt	22. Oktober 1971	Der Polizeimeister wird in Hamburg bei einer Personenkontrolle ermordet.
Herbert Schoner	22. Dezember 1971	Der Polizeiobermeister wird bei einem Banküberfall in Kaiserslautern ermordet.
Erwin Beelitz	3. Februar 1972	Der Hausmeister stirbt bei einem Sprengstoffanschlag der »Bewegung 2. Juni« auf einen Yachtclub in Berlin.
Hans Eckhard	3. März 1972	Der Leiter der SOKO »Baader/Meinhof« wird in Hamburg bei einem Schusswechsel tödlich verletzt.
Paul A. Bloomquist	11. Mai 1972	Der US-Oberleutnant stirbt bei einem Sprengstoffanschlag des »Kommandos Petra Schelm« auf das US-Hauptquartier in Frankfurt a. M.
Clyde R. Bonner Charles Peck Ronald A. Woodward	24. Mai 1972	Die Soldaten sterben bei einem Sprengstoffanschlag des »Kommandos 15. Juni« auf das US-Hauptquartier in Heidelberg.

Günter von Drenkmann	10. November 1974	Der Präsident des Kammergerichts Berlin wird durch die »Bewegung 2. Juni« ermordet.
Heinz Hillegaart Andreas von Mirbach	24. April 1975	Die Diplomaten werden bei dem Überfall auf die Deutsche Botschaft in Stockholm ermordet.
Walter Pauli	9. Mai 1975	Der Polizeihauptwachtmeister wird in Köln bei einer Personenkontrolle ermordet.
Fritz Sippel	7. Mai 1976	Der Polizeimeister wird in Sprendingen bei einer Personenkontrolle ermordet.
Siegfried Buback Wolfgang Göbel Georg Wurster	7. April 1977	Der Generalbundesanwalt und sein Fahrer werden durch das »Kommando Ulrike Meinhof« ermordet. Am 13. April 1977 erliegt auch der Begleiter Georg Wurster seinen Verletzungen.
Jürgen Ponto	30. Juli 1977	Der Bankier wird erschossen, als er sich gegen seine Entführung zur Wehr setzt.
Reinhold Brändle Heinz Marcisz Roland Pieler Helmut Ulmer	5. September 1977	Ermordung des Fahrers und der Begleiter des entführten Arbeitgeberpräsidenten Hanns Martin Schleyer durch das »Kommando Siegfried Hausner«

Opferliste

Arie Kranenburg	22. September 1977	Der niederländische Polizeibeamte wird in Utrecht bei einer Personenkontrolle ermordet.
Jürgen Schumann	16. Oktober 1977	Der Flugkapitän wird von den mit der RAF kooperierenden Entführern der Lufthansa-Maschine »Landshut« ermordet.
Hanns Martin Schleyer	18. / 19. Oktober 1977	Der Arbeitgeberpräsident wird von seinen Entführern ermordet.
Hans-Wilhelm Hansen	24. September 1978	Der Polizeimeister wird bei Dortmund ermordet.
Dionysius de Jong Johannes Goemans	1. November 1978	Die beiden Zollbeamten werden bei Kerkrade in einer Schießerei tödlich verletzt. De Jong ist sofort tot, während Goemans am 14. November seinen Verletzungen erliegt.
Edith Kletzhändler	19. November 1979	Die Hausfrau wird bei einem Banküberfall ermordet.
Heinz Herbert Karry	11. Mai 1981	Der hessische Wirtschaftsminister wird in Frankfurt a. M. ermordet.
Ernst Zimmermann	1. Februar 1985	Der Unternehmer wird in Gauting ermordet.

Edward Pimental Frank Scarton Becky Bristol	8. August 1985	Bei einem Sprengstoffanschlag auf die US-Airbase in Frankfurt a. M. werden Scarton und Bristol getötet. Zuvor war Pimental ermordet worden, um sich den Zugang zum Gelände zu verschaffen.
Karl Heinz Beckurts Eckhard Groppler	9. Juli 1986	Der Manager Beckurts und dessen Fahrer werden in Straßlach bei München durch einen Sprengstoffanschlag des »Kommandos Ingrid Schubert« ermordet.
Gerold von Braunmühl	10. Oktober 1986	Der Diplomat wird in Bonn durch das »Kommando Ingrid Schubert« ermordet.
Alfred Herrhausen	30. November 1989	Der Bankier wird in Bad Homburg durch einen Sprengstoffanschlag des »Kommandos Wolfgang Beer« ermordet.
Detlev Karsten Rohwedder	1. April 1991	Der Vorstandsvorsitzende der Treuhandanstalt wird in Düsseldorf durch das »Kommando Ulrich Wessel« ermordet.
Michael Newrzella	27. Juni 1993	Der GSG-9-Beamte wird in Bad Kleinen bei einem Schusswechsel tödlich verletzt.

Literatur

Adorno, Theodor W. / Horkheimer, Max, Dialektik der Aufklärung: Philosophische Fragmente, Frankfurt a. M. 1969.
Agnoli, Johannes (Hg.), Buback, ein Nachruf: eine Dokumentation, Berlin 1977.
Aly, Götz, Unser Kampf: 1968 – ein irritierter Blick zurück, Frankfurt a. M. 2008.
Aust, Stefan, Der Baader-Meinhof-Komplex, Neuausgabe, Hamburg 2008.
Backes, Uwe, Bleierne Jahre. Baader-Meinhof und danach, Erlangen u. a. 1991.
Backes, Uwe / Jesse, Eckhard, Politischer Extremismus in der Bundesrepublik Deutschland, 4. völlig überarbeitete und aktualisierte Ausgabe, Bonn 1996.
Bakker Schut, Pieter H., Stammheim: der Prozeß gegen die Rote-Armee-Fraktion; die notwendige Korrektur der herrschenden Meinung, 2. bearbeitete Aufl., Bonn 2007.
Becker, Jillian, Hitlers Kinder? Der Baader-Meinhof-Terrorismus, Frankfurt a. M. 1978.
Becker, Thomas (Red.), »Ihr habt unseren Bruder ermordet«: die Antwort der Brüder des Gerold von Braunmühl an die RAF; eine Dokumentation, Reinbek bei Hamburg 1987.
Berendse, Gerrit-Jan, Schreiben im Terrordrom. Gewaltcodierung, kulturelle Erinnerung und das Bedingungsverhältnis zwischen Literatur und RAF-Terrorismus, München 2005.
Bieling, Rainer, Die Tränen der Revolution. Die 68er zwanzig Jahre danach, Berlin 1988.
Biesenbach, Klaus (Hg.), Zur Vorstellung des Terrors. Die RAF, 2 Bände, Göttingen 2005.
Boock, Peter-Jürgen, Die Entführung und Ermordung des Hanns-Martin Schleyer: eine dokumentarische Fiktion, Frankfurt a. M. 2002.
Botzat, Tatjana, Ein deutscher Herbst: Zustände 1977, Frankfurt a. M. 1997.
Braunmühl, Carlchristian von, Versuche, die Geschichte der RAF zu verstehen. Das Beispiel Birgit Hogefeld, Gießen 1996.
Breloer, Heinrich, Todesspiel: von der Schleyer-Entführung bis Mogadischu; eine dokumentarische Erzählung, Köln 1997.
Brückner, Peter, Ulrike Marie Meinhof und die deutschen Verhältnisse, Neuausgabe, Berlin 2001.

Brunn, Hellmut O./Kirn, Thomas, Rechtsanwälte, Linksanwälte. 1971 bis 1981 – Das Rote Jahrzehnt vor Gericht. Frankfurt a. M. 2004.
Buback, Michael, Der zweite Tod meines Vaters, München 2008.
Bulig, Jan, Von der Provokation zur »Propaganda der Tat«: die »Antiautoritäre Bewegung« und die Rote-Armee-Fraktion (RAF), Bonn 2007.
Bundesminister des Innern (Hg.), Analysen zum Terrorismus, 4 Bände, Opladen 1981–1984.
Burdich, Manfred (Hg.), Die Erklärungen der RAF, Münster 2005.
Colin, Nicole u. a. (Hg.), Der »Deutsche Herbst« und die RAF in Politik, Medien und Kunst: Nationale und internationale Perspektiven, Bielefeld 2008.
Deiß, Tanja K., Herausforderung Terrorismus. Wie Deutschland auf den RAF- und Al Qaida-Terrorismus reagierte, Marburg 2007.
Demes, Uta, Die Binnenstruktur der RAF: Divergenz zwischen postulierter und tatsächlicher Gruppenrealität, Münster/New York 1994.
Dietl, Wilhelm/Hirschmann, Kai/Tophoven, Rolf, Das Terrorismus-Lexikon: Täter, Opfer, Hintergründe, Frankfurt a. M. 2006.
Diewald-Kerkmann, Gisela, »Im Vordergrund steht immer die Tat ...« Gerichtsverfahren gegen Mitglieder der RAF, in: Rechtsgeschichte. Zeitschrift des Max-Planck-Instituts für europäische Rechtsgeschichte 7 (2005), S. 138–152.
Ditfurth, Jutta, Ulrike Meinhof. Die Biografie, Berlin 2007.
Elter, Andreas, Propaganda der Tat: die RAF und die Medien, Frankfurt a. M. 2008.
Emcke, Carolin, Stumme Gewalt: Nachdenken über die RAF, Frankfurt a. M. 2008.
Ensslin, Christiane/Ensslin, Gottfried (Hg.), Ensslin, Gudrun: »Zieht den Trennungsstrich, jede Minute«: Briefe an ihre Schwester Christiane und ihren Bruder Gottfried aus dem Gefängnis 1972–1973, Hamburg 2005.
Enzensberger, Ulrich, Die Jahre der Kommune I: Berlin 1967–1969, Köln 2004.
Fahrholz, Bernd (Hg.), Gedenkveranstaltung für die Opfer des Terrorjahres 1977: Friedrichstadtkirche am Französischen Dom, 18. Oktober 2002, Hamburg 2002.
Feldmann, Hans-Peter, Die Toten: 1967–1993: Studentenbewegung, APO, Baader-Meinhof, Bewegung 2. Juni, Revolutionäre Zellen, RAF, Düsseldorf 1998.
Fels, Gerhard, Der Aufruhr der 68er: zu den geistigen Grundlagen der Studentenbewegung und der RAF, Bonn 1998.

Fetscher, Iring, Terrorismus und Reaktion in der Bundesrepublik Deutschland, Neuausgabe, Reinbek bei Hamburg 1981.

Fritzen, Florentine, Die Berliner »Kommunen«: Träger einer Kulturrevolution von 1968?, in: Bavaj, Riccardo / Fritzen, Florentine (Hg.), Deutschland – ein Land ohne revolutionäre Traditionen? Revolutionen im Deutschland des 19. und 20. Jahrhunderts im Lichte neuerer geistes- und kulturgeschichtlicher Erkenntnisse, Frankfurt a. M. u. a. 2005.

Funke, Manfred (Hg.), Terrorismus. Untersuchungen zur Strategie und Struktur revolutionärer Gewaltpolitik, Kronberg / Ts. 1977.

Gilcher-Holtey, Ingrid, Die 68er Bewegung: Deutschland – Westeuropa – USA, München 2001.

Gilcher-Holtey, Ingrid (Hg.), 1968: vom Ereignis zum Mythos, Frankfurt a. M. 2008.

Groll, Petra (Red.), 20 Jahre Deutscher Herbst: die RAF, der Staat und die Linke; Analysen, Recherchen, Interviews, Debatten, Dokumente von 1977 bis 1997, Berlin 1997.

Grünke, Matthias, Die Reaktionen von Staat und Gesellschaft auf den Links-Terrorismus der RAF, in: Der Kriminalist 39 (2007), S. 502–512.

Hauser, Dorothea, Baader und Herold. Beschreibung eines Kampfes, Reinbek bei Hamburg 2007.

Heitmeyer, Wilhelm / Hagan, John (Hg.), Internationales Handbuch der Gewaltforschung, Wiesbaden 2002.

Hermann, Kai / Koch, Peter, Entscheidung in Mogadischu: die 50 Tage nach Schleyers Entführung; Dokumente, Bilder, Zeugen, Hamburg 1977.

Hilpert, Konrad, Die Zumutung der Versöhnung: ein moraltheologischer Blick auf die RAF-Debatte, in: Herder-Korrespondenz: Monatshefte für Gesellschaft und Religion 61 (2007), S. 119–122.

Hitzler, Ronald / Reichertz, Jo (Hg.), Irritierte Ordnung: Die gesellschaftliche Verarbeitung von Terror, Konstanz 2003.

Hoffmann, Martin (Bearb.), Rote-Armee-Fraktion: Texte und Materialien zur Geschichte der RAF, Berlin 1997.

Holderberg, Angelika (Hg.), Nach dem bewaffneten Kampf: ehemalige Mitglieder der RAF und Bewegung 2. Juni sprechen mit Therapeuten über ihre Vergangenheit, Gießen 2007.

Horchem, Hans Josef, Die verlorene Revolution: Terrorismus in Deutschland, Herford 1988.

Horkheimer, Max, Autoritärer Staat 1939–1941, Amsterdam 1968.

Jansen, Christian, Brigate Rosse und Rote-Armee-Fraktion: ProtagonistInnen, Propaganda und Praxis des Terorismus der frühen siebziger Jahre, in: von Mengersen, Oliver u. a. (Hg.), Personen – Soziale Bewegungen

– Parteien: Beiträge zur Neuesten Geschichte. Festschrift für Hartmut Soell, Heidelberg 2004.

Kailitz, Susanne, Von den Worten zu den Waffen?: Frankfurter Schule, Studentenbewegung, RAF und die Gewaltfrage, Wiesbaden 2007.

Keller, Claudia (Hg.), Die Nacht hat zwölf Stunden, dann kommt schon der Tag: Antifaschismus – Geschichte und Neubewertung, Berlin 1996.

Kellerhoff, Sven Felix, Was stimmt? RAF: die wichtigsten Antworten, Freiburg i. Br. u. a. 2007.

Klaus, Alfred / Droste, Gabriele, Sie nannten mich Familienbulle: Meine Jahre als Sonderermittler gegen die RAF, Hamburg 2008.

Knobbe, Martin / Schmitz, Stefan, Terrorjahr 1977: wie die RAF Deutschland veränderte, München 2007.

Knoch, Habbo (Hg.), Bürgersinn mit Weltgefühl: politische Moral und solidarischer Protest in den sechziger und siebziger Jahren, Göttingen 2007.

Koenen, Gerd, Das rote Jahrzehnt: unsere kleine Kulturrevolution 1967–1977, Köln 2001.

Koenen, Gerd, Vesper, Ensslin, Baader: Urszenen des deutschen Terrorismus, Frankfurt a. M. 2003.

Kraushaar, Wolfgang, Achtundsechzig: eine Bilanz, Berlin 2008.

Kraushaar, Wolfgang (Hg.), Die RAF. Entmythologisierung einer terroristischen Organisation, Bonn 2008.

Kraushaar, Wolfgang (Hg.), Die RAF und der linke Terrorismus, 2 Bände, Hamburg 2006.

Kraushaar, Wolfgang (Hg.), Frankfurter Schule und Studentenbewegung. Von der Flaschenpost zum Molotowcocktail. 1946–1995, 3 Bände, Hamburg 1998.

Kraushaar, Wolfgang / Reemtsma, Jan Philipp / Wieland, Karin, Rudi Dutschke, Andreas Baader und die RAF, Hamburg 2005.

Langguth, Gerd, Mythos '68: Die Gewaltphilosophie von Rudi Dutschke. Ursachen und Folgen der Studentenbewegung, München 2001.

Langhans, Rainer / Teufel, Fritz, Klau mich, unveränderte Neuauflage, München 1977.

Laqueur, Walter, The Terrorism Reader, New York 1978.

Lemler, Kai, Die Entwicklung der RAF im Kontext des internationalen Terrorismus, Bonn 2008.

Luhmann, Niklas, Legitimation durch Verfahren, Frankfurt a. M. 1969.

Matthes, Joachim (Hg.), Lebenswelt und soziale Probleme: Verhandlungen des 20. Deutschen Soziologentages zu Bremen 1980, Frankfurt a. M. / New York 1981.

Messmer, Matthias, Sowjetischer und postkommunistischer Antisemitismus: Entwicklungen in Russland, der Ukraine und Litauen, Konstanz 1997.
Meyer, Thomas, Am Ende der Gewalt?: Der deutsche Terrorismus, Protokoll eines Jahrzehnts, Frankfurt a. M. u. a. 1979.
Müll, Diana / Bode, Christine, Mogadischu: meine Befreiung aus Terror und Todesangst, Fernwald 2007.
Müller, Michael / Kanonenberg, Andreas, Die RAF-Stasi-Connection, Berlin 1992.
Musolff, Andreas, Krieg gegen die Öffentlichkeit. Terrorismus und politischer Sprachgebrauch, Opladen 1996.
Oesterle, Kurt, Stammheim: der Vollzugsbeamte Horst Bubeck und die RAF- Häftlinge, 1. überarbeitete und erweiterte Auflage, Tübingen 2007.
Peters, Butz, Der letzte Mythos der RAF: das Desaster von Bad Kleinen – wer erschoss Wolfgang Grams, Berlin 2006.
Peters, Butz, Tödlicher Irrtum: die Geschichte der RAF, Berlin 2004.
Petri, Mario, Terrorismus und Staat: Versuch einer Definition des Terrorismusphänomens und Analyse zur Existenz einer strategischen Konzeption staatlicher Gegenmaßnahmen am Beispiel der Roten Armee Fraktion in der Bundesrepublik Deutschland, München 2007.
Pflieger, Klaus, Die Aktion »Spindy«. Die Entführung des Arbeitgeberpräsidenten Dr. Hanns-Martin Schleyer, Baden-Baden 1996.
Pflieger, Klaus, Die Rote Armee Fraktion: RAF; 14.5.1970 bis 20.4.1998, 2. erweiterte und aktualisierte Auflage, Baden-Baden 2007.
Polzin, Carsten, Deutscher Herbst im Bundesverfassungsgericht: zur verfassungsrechtlichen und verfassungspolitischen Dimension terroristischer Entführungsfälle, Neubiberg 2001.
Prinz, Alois, Lieber wütend als traurig: die Lebensgeschichte der Ulrike Meinhof, Weinheim / Basel 2007.
Proll, Astrid (Hg.), Hans und Grete. Bilder der RAF 1967–1977, aktualisierte und erweiterte Neuausgabe, Berlin 2004.
Proll, Thorwald / Dubbe, Daniel, Wir kamen vom anderen Stern: über 1968, Andreas Baader und ein Kaufhaus, Hamburg 2003.
Rabert, Bernhard, Links- und Rechtsterrorismus in der Bundesrepublik Deutschland von 1970 bis heute, Bonn 1995.
Richter, Horst-Eberhard, Das Unbehagen am »Deutschen Herbst«, zur Verarbeitung der RAF-Geschichte aus psychoanalytischer Sicht, in: Kongressbericht von der Tagung der Deutschen Psychoanalytischen Vereinigung, 21.–24.11.07

Richter, Horst-Eberhard, Eltern, Kind und Neurose: Psychoanalyse der kindlichen Rolle, ungekürzte Lizenzausgabe nach der 2. Aufl., Reinbek bei Hamburg 1995.

Richter, Horst-Eberhard, Wer nicht leiden will muß hassen: zur Epidemie der Macht, Hamburg 1993. Röhl, Bettina, So macht Kommunismus Spaß. Ulrike Meinhof, Klaus Rainer Röhl und die Akte Konkret, Hamburg 2006.

Röhl, Klaus Rainer, Linke Lebenslügen: eine überfällige Abrechnung, überarbeitete Neuauflage München 2001.

Rollnik, Gabriele / Dubbe, Daniel, Keine Angst vor niemand: über die Siebziger, die Bewegung 2. Juni und die RAF, Hamburg 2004.

Rossi, Marisa Elena, Untergrund und Revolution: der ungelöste Widerspruch zwischen Brigate Rosse und Rote Armee Fraktion, Zürich 1993.

Scheel, Walter, Zum Gedenken an die Opfer des Terrorismus: Reden, Bonn 1978.

Schickel, Joachim (Hg.), Über Hans Magnus Enzensberger, Frankfurt a. M. 1970.

Schiller, Margrit, »Es war ein harter Kampf um meine Erinnerung«: ein Lebensbericht aus der RAF, Hamburg 2007.

Schily, Otto, Personen und Mentalitäten: von der APO bis zur RAF, in: Hockerts, Hans-Günter / Schubert, Venanz (Hg.), 1968 – 30 Jahre danach, St. Ottilien 1999.

Schröder, Dieter (Hg.), Terrorismus: Gewalt mit politischem Motiv, München 1986.

Schweizer, Stefan / Schweizer, Pia-Johanna, Responsivität und Massenmedien am Beispiel der RAF, Hamburg 2008.

Siegfried, Detlef, Time Is on My Side. Konsum und Politik in der westdeutschen Jugendkultur der 60er Jahre, Göttingen 2006.

Siemens, Anne, Für die RAF war er das System, für mich der Vater: die andere Geschichte des deutschen Terrorismus, München 2007.

Sontheimer, Michael / Kallscheuer, Otto (Hg.), Einschüsse: Besichtigung eines Frontverlaufs; zehn Jahre nach dem deutschen Herbst, Berlin 1987.

Soukup, Uwe, Wie starb Benno Ohnesorg? der 2. Juni 1967, Berlin 2007.

Staas, Christian (Red.), Die Jahre des Terrors: Ulrike Meinhof, die RAF und der Deutsche Herbst: Geschichte einer Republik im Ausnahmezustand, Hamburg 2007.

Straßner, Alexander, Die dritte Generation der »Roten Armee Fraktion«: Entstehung, Struktur, Funktionslogik und Zerfall einer terroristischen Organisation, Wiesbaden 2003.

Stuberger, Ulf, Die Akte RAF: Täter und Motive. Täter und Opfer, München 2008.
Stuberger, Ulf, Die Tage von Stammheim: als Augenzeuge beim RAF-Prozess, München 2007.
Thamm, Berndt Georg, Terrorismus: ein Handbuch über Täter und Opfer, Hilden 2002.
Thimme, Ulrike, Eine Bombe für die RAF: das Leben und Sterben des Johannes Thimme; von seiner Mutter erzählt, München 2004.
Tolmein, Oliver, Vom Deutschen Herbst zum 11. September: die RAF, der Terrorismus und der Staat, Hamburg 2002.
Tolmein, Oliver, Stammheim vergessen: Deutschlands Aufbruch und die RAF, 2. aktualisierte Auflage, Hamburg 1997.
Tolmein, Oliver / Möller, Irmgard, »RAF – das war für uns Befreiung«: ein Gespräch mit Irmgard Möller über bewaffneten Kampf, Knast und die Linke, 3. überarbeitete und aktualisierte Auflage, Hamburg 2002.
Veiel, Andres, Black Box BRD. Alfred Herrhausen, die Deutsche Bank, die RAF und Wolfgang Grams, Stuttgart / München 2002.
Vesper, Bernward, Die Reise: Romanessay, nach dem unvollendeten Manuskript herausgegeben und neu durchgesehen von Jörg Schröder, Erftstadt 2005.
Wagenbach, Klaus u.a. (Hg.), Vaterland, Muttersprache. Deutsche Schriftsteller und der Staat seit 1945, Berlin 1994.
Waldmann, Peter, Terrorismus: Provokation der Macht, 2. vollständig überarbeitete Aufl., Hamburg 2005.
Weinhauer, Klaus (Hg.), Terrorismus in der Bundesrepublik: Medien, Staat und Subkulturen in den 1970er Jahren, Frankfurt a. M. / New York 2006.
von Weizsäcker, Carl Friedrich, Der bedrohte Friede: politische Aufsätze 1945–1981, München 1983.
Wernicke, Lutz, Stammheim 1977: Wirklichkeit und Propaganda, Münster 2004.
Wesel, Uwe, Die verspielte Revolution: 1968 und die Folgen, München 2002.
Wesemann, Kristin, Ulrike Meinhof: Kommunistin, Journalistin, Terroristin – eine politische Biografie, Baden-Baden 2007.
Winkler, Willi, Die Geschichte der RAF, Berlin 2007.
Wirth, Hans-Jürgen, Hitlers Enkel – oder Kinder der Demokratie?: Die 68er, die RAF und die Fischer-Debatte, Gießen 2001.
Wisniewski, Stefan / Groll, Petra / Gottschlich, Jürgen, Wir waren so unheimlich konsequent …: ein Gespräch zur Geschichte der RAF [Das Gespräch

mit Stefan Wisniewski wurde von Petra Groll und Jürgen Gottschlich im Gefängnis für Langzeitstrafen in Aachen geführt], Berlin 1997.

Wie gehen wir in Deutschland mit früheren Terroristen um?: wenn ein ehemaliges RAF-Mitglied jetzt Kinder betreuen will ...; Ex-Gewalttäter, Wissenschaftler, Angehörige von Tätern und Opfern in Bad Boll zum Thema »Terrorismus – Bestrafung – Versöhnung«, in: epd-Dokumentation 32 (1999).

Wunschik, Tobias, Baader-Meinhofs Kinder: die zweite Generation der RAF, Opladen 1997.

Personenverzeichnis

Adorno, Theodor W.   18
Akache, Zohair Youssif   106
Albrecht, Susanne   35, 44, 98, 114
Aust, Stefan   7
Baader, Andreas   7–8, 22, 31, 37, 39, 42, 88, 105, 107–108
Baumann, Michael (»Bommi«)   41
Becker, Verena   71–73, 75–82, 84, 101
Beckurts, Ina   34
Beckurts, Karl Heinz   34, 49
Bernfeld, Siegfried   51
Birkenmaier, Werner   9
Bleicher, Willi   43
Böll, Heinrich   33, 39
Bölling, Klaus   42
Boock, Peter-Jürgen   36, 67, 69, 72, 78, 82, 101, 110–116
Brändle, Reinhold   8, 47, 91, 103–104
Brauchitsch, Eberhard von   110
Braunmühl, von (Familie)   59
Braunmühl, Carlchristian von   59–61
Braunmühl, Gerold von   48, 59–60
Breloer, Heinrich   49
Buback (Familie)   67
Buback, Inge   46
Buback, Michael   9–10, 36–37
Buback, Siegfried   7–9, 34, 43, 46, 55, 64, 71, 100
Conzen, Peter   56
Croissant, Klaus   41, 109
Dellwo, Hans-Jürgen   109
Dillmann, Gabriele   49
Dutschke, Rudi   12, 17, 23
Eckhardt, Annemarie   48
Eckhardt, Hans   48
Elias, Norbert   60–61
Ensslin, Gudrun   7–8, 22, 25, 27, 31, 39, 53, 55–56, 61, 91, 105, 107–108
Ensslin, Helmut   54–55

Enzensberger, Hans Magnus   52–53
Fanon, Frantz   24
Fleiner, Siegfried   96–97
Folkerts, Knut   8, 66, 69–72, 74, 80
Franziskus von Assisi   57
Freud, Sigmund   18
Friedrich II. (der Große), König von Preußen   105
Frisch, Max   59–61
Fromm, Erich   51
Gaddhafi, Moamar al   62
Göbel, Elisabeth   46
Göbel, Wolfgang   8, 63
Goebbels, Joseph   42
Groppler, Eckhard   49
Haag, Siegfried   8
Hassemer, Winfried   40
Haule, Eva   8
Hausner, Siegfried   42
Heißler, Rolf   116
Helbing, Monika   114
Herrhausen, Alfred   7, 34, 56
Hillegaart (Familie)   49
Hillegaart, Heinz   94
Hillegaart, Viveka   94
Hofmann, Sieglinde   110, 115
Hogefeld, Birgit   35, 53–57, 61–62, 100, 118
Hogefeld, Jupp   54, 58
Horkheimer, Max   13
Humphrey, Hubert   12
Jünschke, Klaus   62
Kinkel, Klaus   116, 118
Klar, Christian   8, 35–36, 59, 61, 66–67, 69–72, 74, 113, 117–118
Klein, Hans-Joachim   46
Koenen, Gerd   13, 16, 24, 27
Köhler, Horst   62, 117
Krabbe, Friederike   116
Kunzelmann, Dieter   21, 27
Lenin, Wladimir Iljitisch   18–19
Lorenz, Peter   44, 95, 105
Lotze, Werner   114

Luhmann, Niklas 90
Lukacs, Georg 18
Luxemburg, Rosa 64
Mahler, Horst 23, 26
Maier-Witt, Silke 113
Mailänder, Peter 44
Mao Zedong 23
Marcisz, Heinz 8, 49, 91, 103–104
Marcuse, Herbert 18
Marx, Karl 18–19
Meinhof, Ulrike 26–28, 31, 34, 37, 39, 41, 59, 88
Meins, Holger 28, 31, 42, 46, 55
Mirbach, von (Familie) 49
Mirbach, Andreas von 91
Mirbach, Christa von 42
Mirbach, Clais von 91
Mohnhaupt, Brigitte 8, 35–36, 66–67, 71–72, 74, 96–97, 105, 112, 116–117
Möller, Irmgard 105, 108
Most, Johannes 40
Müller, Arndt 109
Müller, Gerhard 59
Newerla, Armin 109
Ohnesorg, Benno 13, 22, 55
Peymann, Claus 35
Pflieger, Klaus 10
Pieler, Roland 8, 47, 91, 103–104
Pohl, Helmut 28, 31
Pohlmann, Friedrich 9
Ponto, Corinna 35, 49
Ponto, Jürgen 34–35, 43–44, 98, 110–112
Raspe, Jan-Carl 7–8, 105, 107–109
Reemtsma, Jan Philipp 40
Reich, Wilhelm 51
Richter, Horst-Eberhard 10
Rohwedder, Hergard 46
Rommel, Manfred 9
Rückert, Sabine 59
Sartre, Jean-Paul 19, 24, 27, 32, 42
Sayeh, Souhaila Andrawes 107

Schiess, Karl   64
Schily, Otto   53, 91
Schleyer, Hanns-Eberhard   44, 62, 106, 110, 113
Schleyer, Hanns Martin   7–9, 15, 25, 31, 34, 42–49, 91, 95–96, 98, 103–106, 108–116, 118
Schleyer, Jörg   9
Schleyer, Waltrude   46
Schmidt, Helmut   7, 42, 44, 46, 105, 108
Schmidt, Loki   8
Schmidt, Norbert   59
Schmidt, Sigrun   59
Schmitt, Carl   100
Schoner, Herbert   46
Schoner, Inge   46
Schulz, Adelheid   112
Schumann, Jürgen   106–107
Siemens, Anne   34, 49
Sonnenberg, Günter   66, 69–72, 74, 78, 80
Speitel, Angelika   115
Speitel, Volker   109
Stierlin, Helm   56
Stoll, Willy-Peter   115
Teufel, Fritz   12
Tolmein, Oliver   10
Ulmer, Helmut   8, 47, 91, 103–104
Vesper, Bernward   25
Vesper, Will   25
Vietor, Jürgen   49
Vogel, Bernhard   62
Wagner, Rolf Clemens   110
Weizsäcker, Carl Friedrich von   61
Wirth, Hans-Jürgen   56
Wischnewski, Hans-Jürgen   107
Wisniewski, Stefan   8, 69, 72–76, 80–81, 110, 115–116
Wurster, Georg   8, 63

Abkürzungsverzeichnis

a.a.O.   am angegebenen Ort
AFP   Agence France-Press
APO   Außerparlamentarische Opposition
ARD   Arbeitsgemeinschaft der öffentlich-rechtlichen Rundfunkanstalten der Bundesrepublik Deutschland
AStA   Allgemeiner Studentenausschuss
Aufl.   Auflage
Bearb.   Bearbeiter
BGH   Bundesgerichtshof
BRD   Bundesrepublik Deutschland
CDU   Christlich Demokratische Union Deutschlands
CIA   Central Intelligence Agency
CSU   Christlich-Soziale Union in Bayern
DDR   Deutsche Demokratische Republik
DM   Deutsche Mark
DNA   Desoxyribonukleinsäure
dpa   Deutsche Presse-Agentur
Dr.   Doktor
FAZ   Frankfurter Allgemeine Zeitung
GSG 9   Grenzschutzgruppe 9
Hg.   Herausgeber
Jg.   Jahrgang
km   Kilometer
KZ   Konzentrationslager
Nr.   Nummer
NS   Nationalsozialismus
OLG   Oberlandesgericht
Pkw   Personenkraftwagen
Prof.   Professor
RAF   Rote Armee Fraktion

Red.	Redaktion
SDS	Sozialistischer Deutscher Studentenbund
SPD	Sozialdemokratische Partei Deutschlands
StGB	Strafgesetzbuch
SWR	Südwestrundfunk
taz	die tageszeitung
TV	Television
US	United States
USA	United States of America
u. a.	unter anderem
usw.	und so weiter
Vgl.	Vergleiche
VW	Volkswagen

Bildnachweis

Associated Press, Frankfurt a. M.: S. 45, 48, 88
Bundesarchiv, Koblenz: S. 47
Deutsche Presse-Agentur, Berlin: S. 24, 52, 68, 83
Deutsches Historisches Museum, Berlin: S. 65
Haus der Geschichte der Bundesrepublik Deutschland, Bonn: S. 29
Proll, Astrid: S. 56
ullstein bild, Berlin: Titel, S. 38, 58, 94, 99, 104, 111
Universitätsarchiv Konstanz: S. 14, 54

Die Autoren

Werner Birkenmaier
Jg. 1934, Journalist. Er leitete von 1976 bis 2000 das Ressort Innenpolitik bei der Stuttgarter Zeitung, für die er seit 1965 tätig ist. 1976 war er Berichterstatter der Stammheim-Prozesse. 1988 erhielt er den Theodor-Wolff-Preis.

Michael Buback
Prof. Dr. rer. nat., Jg. 1945, Professor für Technische und Makromolekulare Chemie an der Georg-August-Universität Göttingen. Er ist seit 2000 Ordentliches Mitglied der Akademie der Wissenschaften zu Göttingen und erhielt zahlreiche Auszeichnungen, u. a. Dechema-Preis und die Bunsen-Denkmünze. Als Sohn des ermordeten Generalbundesanwalts Siegfried Buback verfasste er zahlreiche Arbeiten in Verbindung mit dem Karlsruher Attentat.

Klaus Pflieger
Jg. 1947, Jurist, Generalstaatsanwalt in Stuttgart. Er war u. a. 1976 bis 1980 Dezernent bei der Staatsanwaltschaft Stuttgart und wirkte anschließend bis 1995 bei der Bundesanwaltschaft in Karlsruhe. Zwischen 1985 und 1987 leitete er das Referat »Strafverfahrensrecht« im baden-württembergischen Justizministerium. Seit 1995 führte er die Staatsanwaltschaft Stuttgart und ist seit 2001 Generalstaatsanwalt.

Friedrich Pohlmann
Dr. phil. habil., Jg. 1950, Privatdozent am Institut für Soziologe der Albert-Ludwigs-Universität Freiburg. Seine Hauptarbeitsgebiete liegen in den Bereichen Allgemeine soziologische Theorie, Politische Soziologie und Vergleichende Diktaturforschung. Im Jahr 2003 erhielt er den Preis der Erich und Erna Kronauer-Stiftung für seine Studien zum Totalitarismusphänomen.

Horst-Eberhard Richter

Prof. Dr. med. Dr. phil., Jg. 1923, Psychoanalytiker. Er war zwischen 1962 und 1992 Direktor des Zentrums für Psychosomatische Medizin an der Justus-Liebig-Universität Gießen sowie von 1992 bis 2002 Geschäftsführender Direktor am Sigmund-Freud-Institut in Frankfurt a. M. Er ist Mitbegründer der westdeutschen Sektion von »Ärzte gegen den Atomkrieg« und Mitglied im deutschen PEN-Zentrum. Richter erhielt eine Vielzahl an Auszeichnungen, u. a. 1980 den Theodor-Heuss-Preis.

Oliver Tolmein

Dr. jur., Jg. 1961, Rechtsanwalt, Gründungspartner der Kanzlei Menschen und Rechte. Er ist freier Autor und hat auch mehrere Bücher zum Thema RAF und Bundesrepublik Deutschland verfasst. Zwischen 1999 und 2001 war er wissenschaftlicher Mitarbeiter am Institut für Kriminalwissenschaften der Universität Hamburg. Seit 1999 nimmt er Lehraufträge für Strafrecht und Sozialrecht an der Ev. Fachhochschule Rheinland-Westfalen-Lippe/Bochum, der Universität Hamburg und der Leuphana Universität Lüneburg wahr.